**대치동을 이기는
내 아이
탐구력 로드맵**

한 그루의 나무가 모여 푸른 숲을 이루듯이
청림의 책들은 삶을 풍요롭게 합니다.

> 입학사정관 엄마가 알려주는
> 남다른 아이들의 진짜 경쟁력

대치동을 이기는
내 아이 탐구력 로드맵

김신애 지음

청림Life

― 들어가며 ―

 이 책은 엄마들에게 들려드리고 싶은 이야기입니다. 정확히는 초등학생, 중학생 자녀를 키우며 교육에 관심이 있는 분들에게요. 동시대를 살아온 남편은 '나 때는 혼자 다 했다'라고 이야기하며 교육에 대한 걱정을 유난하다 여기고, 양가 부모님은 '건강하게 아이 잘 키우면 되는데 무슨 학원을 그렇게 다니는지 모르겠다며' 이해를 못 해주시는 그런 상황을 홀로 맞서 헤쳐 나가고 계신 엄마들을 위한 글입니다.
 왜 엄마만 남들 보기에는 시기상조인 걱정을 하며 살까요? 그 이유는 이전과는 다른 커다란 교육 세계가 존재하고 있다는 것을 대개 엄마들이 먼저 체감하기 때문일 것입니다. 내 아이와 함께 대학에 입학할 아이들이 어떤 목표를 가지고 전진하는지, 형태는 다르지만 동네마다 그것을 위해 정보를 모으고 노력을 하는 학부모들이 존재한다는 것을 엄마는 압니다.

대학에서 서류와 면접 평가를 통해 신입생을 선발하는 업무를 담당하는 입학사정관이 되면서 시작된 저의 교육 이야기가 고등학교 3학년 학생들을 보며 출발했다면, 아이를 키우며 시작된 저의 또 다른 교육 이야기는 유치원부터 초등학교를 거쳐 이제 중학교를 바라보고 있습니다. 학원과 선행 진도를 두고 아이와 씨름할 때마다 정말 이렇게 공부하면 내가 대입에서 만났던 믿음직스러운 고등학생의 모습으로 내 아이도 성장할까라는 의문을 멈출 수가 없었습니다. 그래서 아이가 고등학생이 되기 전까지 준비해야 하는 것들이 무엇일지에 대해 고민하게 되었습니다. 그리고 그 해답은 '탐구력'에 있다고 결론짓게 되었고요.

그래서 이 책에서 저는 첫 번째로 '탐구력'에 대해 이야기하려고 합니다. 여러 번의 연습과 훈련을 통해 길러낸 탐구력이, 입시는 물론이고 학교 밖의 세상에서 마주하게 될 문제들을 해결하는 데에도 도움을 줄 것이라고 생각하기 때문이죠.

하지만 초등학생이나 중학생에게 탐구력은 너무나 낯선 영역입니다. 고등학생이 되기 전까지 아무도 우리에게 탐구력을 길러야 한다고 요구하지 않습니다. 문해력과 독해력은 모두가 길러야 한다고 하지만 말입니다. 그러다 막상 고등학생이 되고나면 탐구력이 부족하여 좋은 대학에 선발될 수가 없다고 합니다. 최상위 대학의 학생부종합전형에서는 학업역량의 하위평가항목으로 '탐구력'이라는 부분을 평가합니다. 입시를 미리미리 준비하고 싶은 교육 소비자의 니즈를 알면서 왜 탐구력은 사교육 시장에서 쉽사리 그 얼굴을 드러내지 않고 있을까요?

그것은 먼저 탐구력이 교과 진도처럼 선행 학습으로 따라잡을 수 있는 영역이 아니기 때문입니다. 타고난 지능에 더 가까운 영역으로 여겨지기도 하고요. 그렇기 때문에 탐구력이라는 교과목을 만들기는 어렵습니다. 여기서 더 나아가 탐구력은 자기 공부를 할 수 있는 사람, 즉 자기주도학습이 선행되어야만 발현될 수 있는 역량입니다. 시키는 공부만을 잘하는 사람은 탐구력을 가질 수 없습니다. 그러니 딱히 학업역량이 뛰어나다고 해서 탐구력도 함께 뛰어나다는 보장을 할 수는 없습니다. 이 책에서는 설명할수록 알쏭달쏭한 이 탐구력이 나이를 먹으면 키가 크듯 함께 자연스럽게 성장할 수 있는 것인지, 또 잘 성장시키기 위해서 우리가 할 수 있는 노력은 무엇인지 이야기해 볼까 합니다.

두 번째로는 대학 입시의 전형과 구조에 대해서 말해보고자 합니다. 2028 대학입시제도 개편안은 앞으로 우리 아이가 마주할 입시의 기준을 완전히 바꿔버렸습니다. 여러 채널에서 소란스러울 정도로 이번 대학입시제도 개편안이 내 아이에게 미칠 영향에 대해 불안을 조성

합니다. 그런데 한번 생각해 봤으면 좋겠습니다. '개편'이라는 것은 기존에 있는 것을 고친다는 뜻인데 막상 기존의 것들에 대한 이해가 없으면 '개편된 대학 입시'가 무엇을 지향하고 있는지 이해할 수 있을까요? 2028 대학입시제도 개편안을 이해하기 위한 기본 지식들을 총정리하여 띄엄띄엄 아는 정보가 아닌, 목차가 있는 입시 이야기를 한번 해보려고 합니다. 입시에 대해 지식이 전혀 없으신 분들도 이 책을 다 읽고 난 뒤에는 큰 흐름을 잡을 수 있으실 것입니다.

마지막으로는 이 책을 통해 아이의 교육 로드맵을 함께 펼쳐보고자 합니다. 머릿속에 꽤 크고 단단한 보드판을 한번 만들어보면 어떨까 생각했습니다. 우리 아이의 교육과 관련된 선택을 그날의 기분이나 운에 맡기는 것이 아니라 큰 여행을 시작할 때 펴보게 되는 커다란 지도 같은 판에 기초할 수 있게 말이지요. 아직은 어디로든 갈 수 있는 시작점에 서서 치우치지 않는 시각으로 어디에 무엇이 예상되는지를 핀으로 하나씩 꽂아보며 살펴보려고 합니다. 단단한 보드판을 완성해 가다 보면 내 아이에게는 더 많은 선택권과 안전지대에 대한 가이드를 해줄 수 있을 것이라고 생각합니다. 한 점만을 가리키고 달려가라고 하는 부모가 되지 않기 위하여 여유가 있을 때만 보이는 교육 이야기를 함께 나눠보면 좋겠습니다.

2025년 6월 김신애

| 차례 |

들어가며   004

1장 입시는 위에서 아래로 흐른다

1. 넘쳐나는 교육 정보 속에서 흔들리는 부모의 고민   014

2. 2028 대입개편이 미치는 영향   021
- 고교학점제, 대입개편, 5등급 상대평가 키워드가 우리에게 남긴 것   021
- 입시 공부의 자기주도 능력   025

3. 학종을 아는데, 모릅니다   029
- 정시 하나 잘하기도 힘든데 수시 학종까지 알아야 할까?   029
- 학종은 루머와 단짝입니다   033
- 고등학교 3학년 여름방학, 골든타임을 살리는 건 수시 학종   036
- 서울대를 수시로 많이 보내는 고등학교들의 특징   040
- **TIP** 내 아이가 활용해야 하는 고교특색사업   051

4. '서울대 학생부종합전형'만 알면 됩니다   055
- 탐구력, 서울대 학종 대표 역량   055
- 서울대 학종 히든카드 : 독서   060
- **전문가 칼럼** '슬기로운 초등생활' 이은경 선생님 : 2025년 입시의 현실과 학종의 본질   064

2장 　　　 탐구력, 왜 그렇게 중요할까?

1. 내 아이의 첫 번째 비교과 활동 　　　　　　　　　　　　**068**
- 팽이를 돌려 비교과를 씁니다 　　　　　　　　　　　　**069**
- '세특'이 중요하다는 말을 들어봤다면 　　　　　　　　　**076**
- 탐구력에 연연할 수밖에 없는 이유 　　　　　　　　　　**080**

2. 수행평가와 탐구력 　　　　　　　　　　　　　　　　**085**
- 초등학생 : 탐구력, 누구나 기를 수 있는 이유 　　　　　　**085**
- 중학생 : 학종은 수행평가에서 시작된다 　　　　　　　　**091**
- 고등학생 : 수행평가가 탐구 활동이 되어야 할 시간 　　　**094**

3. 초등학교부터 준비하는 탐구력 　　　　　　　　　　　**102**
- 탐구력의 시작 　　　　　　　　　　　　　　　　　　　**102**
- 탐구보고서가 탐구다 　　　　　　　　　　　　　　　　**105**
- 처음 쓰는 탐구보고서가 어려운 이유 　　　　　　　　　**110**
- 일상에서 시작되는 탐구력 　　　　　　　　　　　　　**116**
- `인터뷰` '슬기로운 초등생활' 이은경 선생님이 말하는 "초등에서 고등까지 연결되는 탐구력" 　**125**

4. 가짜 탐구력의 유혹에서 벗어나는 법 　　　　　　　　　**134**
- 진짜처럼 보이기 위한 가짜 탐구력의 메커니즘 　　　　　**134**
- 탐구의 시작은 질문하는 힘에서 온다 　　　　　　　　　**139**
- `TIP` 만약 컨설팅을 받고 싶다면, 이것은 알고 받자 　　　　**144**

5. 초등학교에서 키울 수 있는 '핵심 역량' 　　　　　　　　**147**

3장 미리 준비하는 엄마표 탐구력 수시 로드맵

1. 진로역량의 기초가 되는 초등학교 5, 6학년   154
  - 공부의 동기가 되는 진로역량   154
  - 확장된 자기주도학습   163

2. 학생부 비교과 활동의 실전 중학교 1, 2학년   168
  - 학교생활기록부 관리 능력 키우기   168
  - 비교과 활동을 풍성하게 만드는 독서   172
  - 경험 중심의 진로 탐색   180

3. 선택하고 실행하는 중학교 3학년, 고등학교 1학년   183
  - 고입과 고등학교 선택   183
  - 입시에 초점을 맞춘 학생부 관리 방법   189
  인터뷰 20년차 현직 고등학교 선생님이 말하는 "학종 관리의 기술"   195
  인터뷰 현직 입학사정관이 말하는 "학생부 평가의 모든 것"   202
  TIP 합격 후기로 보는 합격자의 학생부   211

4장 학생부종합전형, 지금부터 준비하는 법

1. 입시 정보 홍수 속에서 길 찾기 218
  - 학종 정보 어디서 찾을까? 218
  - 대학은 어떤 학생을 선호할까? 224
  - 평가 기준, 어떻게 해석할까? 226
  TIP 부모가 먼저 알아두면 좋은 입시 정보들 234

나가는 말 엄마가 입시의 전체 맥락을 이해해야 하는 이유 244

입시는 위에서 아래로 흐른다

1
넘쳐나는 교육 정보 속에서 흔들리는 부모의 고민

아이가 초등학교 고학년이 됐을 때 그동안 잘 다니고 있던 영어 학원을 뒤로하고, 새로운 영어 학원의 레벨 테스트를 신청했습니다. 단돈 만 원에 4대 영역(reading, listening, speaking, writing)을 테스트할 수 있다니 이득입니다.

오랜 기간 한 학원만 보내왔기에 대체 잘하고 있는 것인지 중간점검을 해보고 싶었어요. 레벨 테스트를 신청한 학원이 워낙 대형 학원이라 그런지, 시간을 허투루 쓰지 않는 학원 시스템이 일단 인상적이었습니다. 그렇게 아이가 시험을 보는 동안 학부모는 학원 설명회에 참석하게 됩니다.

저는 설명회 참석을 좋아하는 편입니다. 새로운 정보를 얻을 수 있다는 것, 그것도 전문가 집단이 보는 관점을 알아낸다는 것은 언제나 유익한 일이라 생각하거든요. 게다가 입학사정관을 했던 경험으로 인해, 입시에 대한 이야기라면 무조건적인 선동이나 불필요한 정보를 걸러내는 필터를 가지고 있다고 생각합니다. 설명회에서 적극적으로 질문하는 '열혈 엄마'는 아니지만 저 혼자만의 체크리스트를 가지고 시시각각 변하는 입시 정보를 점검해 봅니다.

오늘 설명회의 강사는 성공한 커리어 우먼의 외관을 갖춘 이사님입니다. 학원의 문을 두드리는 나이가 점점 어려지고 있다는 멘트를 시작으로 부모들을 자극하는 불안 마케팅이 시작되었습니다. 사실 저는 학원의 불안 마케팅을 무조건 배척하지는 않습니다. 과장된 면이 없지 않지만 앞으로 우리에게 펼쳐질 길에 내재되어 있는 위험 요소를 반영하고 있다고 생각하거든요. 부정하지 않되, 잘 걸러 듣는 것이 저의 설명회 듣기 노하우라고 할 수 있습니다.

때마침 2028 대학입시제도 개편안(이하 2028 대입개편)이 엮여 있었던 시기이라 고등학교에서의 절대평가 도입이 '고등학교 입시(이하 고입)'에 가져올 엄청난 파급효과에 대해 설명해 주었습니다. 이제는 '하나고'나 '외대부고' 같은 전국단위 자율형사립고등학교(이하 전국자사고)에 진학하는 것이 대학 입시에서 무조건 유리해졌다고 하였습니다.

최상위권 대학 진학을 위해서는 집 앞에 있는 고등학교에 갈 생각을 해서는 안 된다고 하시고(아니! 나 고등학교까지 생각해서 여기로 이사 온 건데) 전국자사고나 광역단위 자율형사립고등학교(이하 광역자사고)에 가기 위해 갖춰야 하는 영어 수준에 대한 설명으로 자연스럽게 이어갔습니다. '토플 만점을 향해 달리자'라는 말씀이었죠. 그 얘기는 흘려들었습니다. 지금은 잘 모르겠어요. 저는 토플 만점으로 대학을 합격할 수 있던 시절에 입학사정관을 했습니다. 그렇기 때문에 현재는 더 이상 대학에서 그런 스펙으로만 무조건 합격을 주지 않는다는 것을 알고 있습니다. 언어에 엄청난 재능을 보인다면 모를까, 초등학생인 아이를 토플 만점으로 만들려면 애를 여러 번 잡아야 할 것 같다는 생각이 드는 순간 토플은 저의 체크리스트에서 제외시켰습니다.

제가 불안감을 느낀 부분은 토플 만점에 대한 부분이 아니었어요.
'내가 이렇게 입시를 모르고 있었단 말이야? 이제 집 앞 고등학교는 가면 안 되는 거야?'
저도 나름 입시 판에 발을 담가본 적이 있는 사람인데, 육아로 인해 잠시 그 판을 떠나온 사이 생각보다 많은 것이 바뀐 것 같다는 불안감이 스멀스멀 올라왔습니다. 그 뒤로도 '집 앞 고등학교는 가면 안 된다는 말'이 여운에 많이 남아서 주변 엄마들에게 "저 재미있는 이야기를 들었어요" 하며 몇 번 이야기를 꺼냈는데, 잘 모르시는 분들도 있었고

"그 말이 맞아요"라며 동의해 주시는 분들도 계셨어요.(다행히 입시제도가 또 한 번 개편되며 이제는 내신 절대평가와 상대평가의 중간 그 어디쯤으로 정착하게 되었고, 현재의 입시제도가 제 아이의 입시에도 적용될지는 아직 알 수 없을 것 같아요. 입시는 끝없이 변하니까요.)

대치동에서 꽤 오랜 경력을 자랑하시고, 동네에 학원을 개원하신 수학학원 원장님과 1:1 상담을 했을 때도 대학 입시(이하 대입)에 대한 이야기는 빠지지 않았습니다. 초등학교 3학년 2학기를 지나고 있는 우리 아이의 수학 공부 상태에 대해 적나라하게 설명해 주었어요. 아이가 푼 문제집을 쭉 보시고는 "가르쳐준 대로 안 푸네요? 자기가 하고 싶은 대로 풀어요"라고 하시는데 잘 이해가 되지 않았습니다.

학교 담임선생님과 상담할 때 아이가 항상 선생님 말씀 잘 듣고 협조적이라고 말씀해 주셨거든요. 그런 아이가 선생님이 가르쳐준 대로 풀지 않는다는 말이 다른 세상 이야기 같았습니다. 하지만 추적에 추적을 거듭한 결과, 우리 아이가 어디서 나오는지 모를 '수학부심'으로 인해 자신만의 방법으로 문제를 풀다 오답을 내는 일을 반복하고 있었던 것은 사실이었습니다.

엄마 눈에는 보이지 않는 사소한 습관을 찾아낸 것도 의미가 있었지만 원장님과의 상담을 통해 아이의 수학 로드맵에 대해 다시 생각해 볼 수 있는 기회가 되었던 것이 참 좋았습니다. 원장님은 수능 수학을 준비할 수 있는 고등 수학학원과 그 입학 시기를 정해주었습니다. 학군지에서 소위 말하는 좋은 고등 수학학원에 들어가려면 그 입학 시기가 정해져 있고 그 학원에서 요구한 진도까지 선행을 마치지 못하면 테스트를 보는 것조차 버거워지는 스케줄이라는 새로운 사실을 알려주었습니다. 초등학교 3학년 아이를 데려가 받은 수학 상담에서 저는 대치동에 있는 고등 수학학원의 진로를 바라볼 수 있었습니다.

대치동 고등 수학학원의 기준에 따르면 저희 아이는 진도가 늦은 편이었어요. 3학년 때 5학년 교과과정 문제집을 풀고 있었지만, 이것으론 부족한 것처럼 보였습니다. 순간적으로 어떻게 시간을 쪼개서 이 진도를 따라잡나 머리가 복잡해졌습니다만, 이내 내가 아이에게 가르치려고 하는 것이 무엇인지 회의감이 들었어요. 저는 '교육을 통해 좋은 인간을 만든다'는 대외적 목표를 갖고 있는 척했지만 사실 내면에는 'SKY대학생 아들을 만들겠다'는 야망이 있었다는 것을 발견했습니다. '의대반'이 있는 그 수학학원에 입학시킨 뒤 마침내 '의대반'에 입성하여 수학을 공부하게 하는 것이 제 목표인 것처럼 마음이 조급해졌던 것이죠.

하지만 결국 다니고 있던 수학학원을 계속 유지하기로 했습니다. '의대반'에 보내줄 것 같은 로드맵을 가지고 있는 수학학원으로 옮기지 않았습니다. 무엇보다 아이가 학원에 만족하고 있었어요. 아이는 현재 수학학원에서도 매일이 도전이었어요. 감당할 수 있는 도전을 하고 그것을 성취하게 하는 것이 지금은 더 필요하다고 생각했기 때문에 대치동의 진도를 잡기 위해 무리해서 학원을 옮기는 것은 내 아이의 수학 실력을 위한 일이 아니라는 결론을 내렸습니다.

초등학교 수학 선행에서 입시까지 내다보는 수학 전문가의 이야기를 들으니 굉장한 선행 속도가 어디서 시작되었는지, 우리 아이의 상태로 도달할 수 있는 '대치동 레벨'은 어느 정도인지, 그렇다면 무엇을 더 보충해야 하는지, 그 안에서 나의 판단은 어떻게 내려야 하는지를 생각해 볼 수 있었습니다. 그리고 우리 아이의 수학 로드맵 기준은 결국 우리 아이의 수학 이해도에 달려 있다는 것을 다시 한번 확인했습니다. 최상위 수준의 로드맵이 내 아이에게 무조건 가장 좋은 로드맵이 될 수는 없다는 것을 알면서도 이렇게 순간순간 조급한 마음이 드는 게 바로 엄마의 마음 같아요.

발등에 불이 떨어졌던 것처럼 긴급했던 일들에 대하여 차례차례 우선순위를 따져보니 별일 아니었다는 것이 드러났습니다. 대학에 가는 방법을 잘 안다고 자부했던 저조차 아이의 일 앞에서는 우왕좌왕하고 있었습니다. 엄마의 조급함을 원동력으로 대학을 잘 가는 아이는 없다는 것을 알면서도 말이죠.

어떻게 하면 멀리 볼 수 있을까?

당장의 사소하고 작은 일들을 결정할 때 나무보다 숲을 보며 결정할 수는 없을까?

숲을 보는 능력이야말로 대한민국의 공교육 아래 있는 학부모들이 가지면 유리한 안목이라고 생각합니다. 우리는 처음 겪는 큰일을 능숙하게 대처하는 사람을 보며 "인생 2회 차 같아"라고 합니다. 아이를 교육함에 있어서도 '인생 2회 차'처럼 해내기 위한 무언가가 분명 필요합니다. 끝없는 유혹을 견뎌내야 하는 엄마들에게 밤바다의 등대 같은 기준이 되어줄 입시 정보와 입시를 뚫어낼 핵심 역량이 무엇인지 함께 알아가 보도록 하겠습니다.

2
2028 대입개편이 미치는 영향

**고교학점제, 대입개편, 5등급 상대평가 키워드가
우리에게 남긴 것**

2025년부터 고교학점제가 전면 시행되고 2028 대입개편이 발표되면서 그 여파는 고등학생 자녀를 둔 학부모에게뿐 아니라 중학생, 초등학생 자녀를 둔 학부모들에게까지도 영향을 크게 미치고 있습니다. 언론의 보도와 각종 학원의 설명회, 그리고 유튜브 콘텐츠 등을 통해 고교학점제 시행으로 인해 변화될 교육 환경에 대해 알아보고 혹시라도 우리 아이가 고교학점제를 제대로 알지 못해 손해를 보게 될까 봐 마음이 분주합니다.

그런데 과연 고등학교에서 일어나는 일들에 대해 초등학생 학부모인 우리가 얼마나 반응해야 하는지 의문이 듭니다. 아이가 초등학교 생활을 하는 것을 보면 대입과 관련된 것이 하나도 없어 보이거든요.

초등학생 아이에게 입시가 바뀌었다는 이야기를 이해시킬 필요는 전혀 없지만 초등학생 학부모인 엄마는 가랑비에 옷 젖듯 조금씩 그 정보에 젖어 드는 것이 유익합니다. '컨설팅'이라는 이야기만 나와도 학부모들은 다들 귀를 쫑긋 세울 정도로 요즘 교육에서 컨설팅은 빼놓을 수가 없습니다. 모두 다 컨설팅을 받는 것은 아니라고 하더라도 컨설팅의 기능에 대한 관심은 매우 높습니다. 입시 전문가에게 컨설팅을 받는 이유는 그들이 가진 '연속성'을 우리가 가질 수 없기 때문입니다. 작년에도, 재작년에도, 10년 전에도 입시를 치러온 사람들에게 있는 통찰력을 1~2년 내에 갖기는 어렵습니다. 하지만 낯설기만 한 입시 정보를 들어두고 눈에 익혀두다 보면 엄마에게도 '연속성'이라는 부분이 생기기 시작합니다. 입시의 흐름을 보게 되면 아이의 교육에 대한 장기적인 안목을 갖는 데 분명 도움이 될 수 있습니다.

대입은 4년 예고제입니다. 아이의 입시 학년도의 4년 전까지 입시와 관련된 사항들이 공개되어야 한다는 뜻입니다. 그러니 4년이 해당 입시를 겪어낼 우리가 갖게 되는 최대한의 준비 시간입니다.

대학이나 사교육 기관에게 4년은 사실 충분한 시간입니다. 가끔은 4년 이후의 일을 대체 어떻게 준비하란 말인가 싶을 만큼 먼 미래이기도 합니다. 제가 컨설턴트나 입학사정관이었다면 4년 뒤 입시는 남의 일이었을 겁니다. 그런데 엄마인 저에게는 이번 4년이 모의고사 같은 기분이 듭니다. 내 아이의 입시를 4년 앞두고 또다시 새로운 입시 정책과 제도가 나온다면 4년이라는 시간이 너무 부족해서 화가 날 것 같습니다. '뭘 또 바꾸려는 거야?' 싶은 마음이 들겠지요.

2028학년도를 4년 앞둔 2024학년도에 많은 일들이 일어났습니다. 한시름 놓이기도 했습니다. 이번에 이렇게 많이 바뀌었으니 우리 아이 때는 좀 잠잠하지 않을까 싶은 마음에서요. 그래도 잘 알고 싶었습니다. 매번 변화를 따라가기 위해서가 아니라 겉은 변하지만 언제나 현상을 뚫어내는 본질이 분명히 있을 거라 생각하기 때문입니다.

고교학점제와 2028 통합수능, 그리고 5등급 상대평가는 기존의 제도를 모두 뒤엎어 버리는 혜성 같은 형태로 나타났습니다. 이렇게 커다란 변화가 있는 이유는 기존 제도가 가지고 있던 문제점을 보완하기 위함도 있고 2022 개정 교육과정이 지향하는 미래적인 교육 방향에 힘을 싣기 위해서이기도 합니다.

'고교학점제'는 대학처럼 자신의 시간표를 자신이 만들어가는 것입니다. 이수해야 하는 학점을 다 채우면 고등학교를 졸업하게 되는 것이지요. 하지만 대학만큼 자유도가 높지 않습니다. 특히 이공계열의 경우 희망하는 전공이 있다면 대학이 지정한 핵심 권장과목을 고등학교 기간 동안 수강해야 합니다. 즉 가이드라인이 이미 정해져 있는 것이죠. 그러니 고교학점제 안에서도 기본에 충실한 공부, 학업역량을 키워야 하는 것은 변함이 없습니다.

2028 대입개편의 키워드는 '통합'입니다. '통합사회', '통합과학'의 등장을 두려워하라는 것은 아닙니다. 이제는 수능 문제가 교과목 간의 연계를 바탕으로 출제될 예정이라는 뜻을 담고 있습니다. 세부 과목별 지식의 암기는 계속해서 그 중요성이 떨어져 갑니다. 과목 간의 여러 가지 개념을 융합하고, 분석하고, 종합하는 능력이 더욱 요구될 것입니다. 예전처럼 무턱대고 외우는 방식으로는 다양한 지식을 연계하기 어렵습니다. 결국 토론하고, 설명하고, 발표할 수 있을 정도의 지식에 대한 종합적 이해가 필요합니다. 문제집을 푸는 방식보다는 관련된 내용이 담긴 독서를 한다거나 주제를 정해 탐구 활동을 해보는 방식이 더욱 적합한 공부 방법이 될 수 있습니다.

2025학년도부터 고등학교에서의 내신이 9등급제에서 5등급제로 바뀌었습니다. 기존의 4%가 1등급인 것에 비해 이제는 10%까지 1등급을 받게 되는 것이지요. 그런데 솔직히 말하자면 5등급 상대평가가 어떤 식으로 입시에 영향을 미칠지는 확실치 않습니다. 고등학교 선생님도, 대학의 입학사정관도 아직 5등급제를 평가할 기준을 잡지 않은 상태입니다. 5등급 상대평가라는 키워드만을 가지고 고등학교 선택을 결정론적으로 말하는 것은 시기상조입니다. 그렇기 때문에 초등학생이나 중학생 학부모의 경우 5등급제 상대평가의 진행 상황에 귀를 열어두고 방향성을 살펴보는 것이 좋을 것 같습니다. 예측했던 것처럼 내신이 치열한 고등학교에서 유리한 점이 많은지, 이전보다 많은 과목이 상대평가 과목으로 개편되면서 내신을 잘 받는 것이 여전히 어려운 일인지를 학교 현장에서 확인하는 것이 필요합니다.

입시 공부의
자기주도 능력

이제 막 내 아이의 입시에 대해 관심을 갖기 시작하신 부모님들에게는 제일 먼저 이 질문을 드리고 싶습니다. '내 아이는 왜 한국에서 대학을 가야 할까요?'

부모인 우리에게도 종합적 분석능력이 필요합니다. 각자의 상황에 맞게 입시를 생각하는 관점이 있을 것이고, 가장 문제라고 생각하는 지점도 있을 것입니다. 대학에 대한 인식도 많이 바뀌어서 7080 부모들은 대학 진학에 대해 구시대적 태도를 가지고 있지도 않습니다.

어떤 형태의 대학을 꼭 가야 한다는 생각에서도 많이 자유로워지셨고, 대학 진학 자체도 무조건 가야 한다는 입장이 아닌 경우도 많습니다.

그럼에도 불구하고 대한민국의 교육제도와 입시제도를 받아들이시기로 결정을 하셨다면 또 다른 질문을 드릴게요. '의대 가는 법은 무엇인가?'라는 질문은 제가 추천해 드리는 질문이 아닙니다. '어떻게 하면 내 아이에게 최적화된 대학에 진학할 수 있을 것인가?'라는 질문으로 입시에 대한 접근을 시작하셨으면 합니다. 입시와 관련해 갖게 되는 모든 질문 앞에 '내 아이에게 최적화된'이라는 말을 붙여서 고민하시기를 바랍니다.

처음에는 선배 엄마들의 자녀가 좋은 대학에 간 로드맵을 모방하는 것으로 시작해도 좋고, 전문가의 의견을 그대로 받아들이는 것도 좋습니다. 지속적으로 교육 정보를 모으고 실제로 적용하다 보면 실패도 하고 내 아이에게 맞지 않는 방식이 있다는 것도 발견하게 됩니다. 아이들도 많은 실패를 해야 하듯 부모도 입시 공부를 하고 있다면 분명 실패도 경험해 보아야 합니다. 실패와 성공이 공존해야 그때부터 나의 아이에게 최적화된 액션 플랜이 구체화될 수 있겠지요. 수학학원은 집 근처에 있는 곳에 다니더라도 과학 공부를 위해서는 다른 방법을 찾는 것이 필요하다고 결정을 내릴 수도 있습니다. 집 근처에 있는 일반고에 가면 될 줄 알았는데, 하다 보니 특수목적고등학교(이하 특목고)에 대해서도 생각해 봐야 할 수도 있어요. 지금 당장 내신을 위해 영어 단어를 암기해야 하는지, 아니면 수시를 위한 준비를 해야 하는지에 대해서도 빠르고 올바르게 판단할 수 있습니다.

구체화된 액션 플랜에 대한 엄마의 생각이 궤도에 오르면, 그때부터는 그것들에 대해 공부하게 됩니다. 내가 손댈 수 없는 입시 환경을 비판하는 데 시간을 쓸 여유도 없어져요. 아이와 자세한 소통을 할 수 있게 되고 아이가 정보에 대한 요구를 하든 학교생활 지원에 대한 요구를 하든 부모가 문제를 해결해 줄 수 있는 접점이 생길 겁니다. 아이도 믿을 만한 기댈 곳이 분명 필요하거든요. 그 자리를 컨설턴트에게 넘겨주지 않을 수 있습니다.

더불어 다른 사람의 관점을 계속해서 내 관점인 것처럼 베끼는 것 또한 내 아이에게 전혀 도움이 되지 않는다는 것을 알게 됩니다. 그때가 되면 내 안의 질문들이 많아져서 그 질문을 해결하기 위해 나서게 되지요. 선배 엄마들이 하는 무겁지 않은 조언이 때론 뼈를 때리는 것 같은 느낌을 주는 이유가 바로 이 모든 과정을 거쳤기 때문입니다.

상대평가 과목과 절대평가 과목이 걱정된다면 내 아이가 그 과목을 수강해야 할 상황이 될 것인지에 대해 생각해 보셔야 합니다. 내 아이가 어떤 과목을 수강할지 아직 알 수가 없다고 생각하신다면 내 아이의 계열적합성, 진로 탐색을 위해 무엇이 필요한지 고민해 보셔야 합니다. 내 아이가 진로 탐색에 의지가 없다면 내 아이는 어떤 미래를 꿈꾸고 있는지, 아니면 미래에 관심이 없는지를 알아보셔야 합니다. 만약 내 아이가 아무 의지 없이 학원만 다니고 있는 상황이라면 무감각해진 진로와 꿈에 대해 생각할 수 있는 기회를 제공해 주셔야 합니다.

나의 차원에 맞게, 또는 내 아이의 수준에 맞게 입시를 준비해 가는 것이 가장 중요합니다. 구체적인 상황 파악을 마치게 되면 상황에 맞게 주어진 과업들이 분명 존재한다는 것을 알 수 있습니다. 그런데 시선을 밖으로만 계속해서 돌리면 부모와 아이에게 주어진 과업들을 해결하기보다는 바꿀 수 없는 고정값을 원망하는데 너무 많은 시간을 보내게 됩니다. 성장하고 있는 아이와 함께 입시를 준비하는 가장 현실적이고 효과적인 방법은 멀리 있는 것 같은 문제를 나와 아이의 수준에서 해결할 수 있는 문제로 변환하는 과정을 갖는 것입니다. 한발 더 나아가 지금 시기에 맞는 액션 플랜을 짜고 실행까지 이어져야 합니다.

3

학종을 아는데, 모릅니다

**정시 하나 잘하기도 힘든데
수시 학종까지 알아야 할까?**

교육에 관심이 많은 학부모님들은 교과 선행과 선발형 고등학교 입학, 수능 준비까지도 생각하고 로드맵을 계획하시지만, 으레 내 아이와 학생부종합전형(이하 학종)은 상관이 없는 일이라고 전제하는 경우가 많습니다. 수능은 비교적 명확한 기준이 되어줍니다. 초등학교 과정 동안 수학을 어디까지 선행해야 하는지, 얼마나 심화해야 하는지 기준이 되어주고, 수능 영어를 목표로 할 때와 언어로서의 영어 공부를 목표로 할 때 해결해야 하는 과업들이 서로 다르다는 것을 알려줍니다. 최근에는 초등학생을 대상으로 수능 국어영역 등급을 만들어주는 학원이 엄마들 사이에서 인기가 많습니다. 우리 학원의 과정을 잘 마친다면 초등학생이 국어 모의고사를 일정 등급 이상 받게 만들어준다는 것입니다. 학원에서의 공부가 효과적이었는지 등급으로 판단을 할 수 있기 때문에 수많은 학원들을 놓고 고민할 때 꽤 설득력을 가집니다. 이렇게 하다 보면 수능 과목들마다 좋은 성적을 거두기 위해 해야 할 공부가 산더미처럼 많습니다. 그러니 더더욱 학종이 뭘 하는 것인지 알아볼 짬도 나지 않고요.

하지만 학종을 오랫동안 보아온 저로서는 우리 아이의 입시에서 수시를 제외하고 정시만으로 전략을 짠다는 것은 생각해 본 적이 없습니다. 아이의 기질과 성향을 고려해서 생각한 것이라기보다는, 단순하게 확률적으로 수시를 포기하면 놓치는 기회가 너무 크기 때문입니다.

다음의 표는 서울특별시교육청 교육연구정보원에서 2025 대입에 관한 정보를 정리하여 2023학년도부터 2025학년도까지 수시모집과 정시모집의 비율을 나타낸 것입니다. 수도권과 비수도권을 나눈 이유는 다들 아시겠지만 우리가 선호하는 대학들이 수도권에 몰려있기 때문에 지원자 풀pool이 다르고 이에 따라 전형의 양상도 달라지기 때문

권역별 시기별 모집인원 현황

구분		인원(명)						비율(%)		
		수시 모집	정시 모집	합계	증감			수시 모집	정시 모집	합계
					수시	정시	합계			
수도권	2025 학년도	85,846	46,280	132,126	550	-771	-181	65.0	35.0	100
	2024 학년도	85,256	47,051	132,307	36	489	525	64.4	35.6	100
	2023 학년도	85,220	46,562	131,782				64.7	35.4	100
비수도권	2025 학년도	185,635	23,173	208,808	-1,141	-2,040	-3,181	88.9	11.1	100
	2024 학년도	186,776	25,213	211,989	-446	-4,907	-5,353	88.1	11.9	100
	2023 학년도	187,222	30,120	217,342				86.1	13.9	100

입니다. 간단히 정리하면 수도권에서는 수시모집으로 약 65%, 정시모집으로 약 35% 비율의 학생들을 꾸준히 선발하고 있습니다. 정시를 40%에 맞추라고 했던 정부의 지침에 따른 결과물로 적합해 보이는 내용입니다. 그러니 '수도권' 대학 진학을 생각한다면 미리부터 65%의 확률을 없앨 필요는 없는 것이지요.

수시를 포기하지 않는 또 하나의 이유가 있습니다. 수도권 대학에서의 학종 비중을 자세히 살펴보면 대부분 '상위권' 대학에서 수시 학종으로 학생을 선발하는 비중이 높다는 것을 알 수 있습니다.

2026학년도의 학종 모집인원 비율을 살펴보면 경희대 32.6%, 고려대 36.2%, 서강대 39.2%, 서울대 58.4%, 성균관대 37.9% 연세대 31.7%, 한양대 38.1%, 중앙대 32.4%이며 여기에 학생부 교과전형의 비율까지 합치면 전체의 50% 이상이 학교생활기록부(이하 학생부)를 활용한 전형으로 학생을 선발합니다. 정시보다 높은 비율이지요.

교육부가 국회에 제공한 '2024학년도 전국 39개 의대 입학생 현황'을 분석했더니 평균 54.4%가 N수생이었다고 하는데요. 현역인 내 아이에게 정시를 통해 열려있는 문은 생각하는 것보다도 좁은 문일 수 있겠다는 생각이 듭니다. 중학교 때는 공부 좀 한다는 친구들이 특목고나 자사고 등의 고입을 준비하는 것처럼 고등학교에서는 완전한 정시파 일부를 제외한 상위권 학생들의 경우 학종을 외면하기는 어려운 상황입니다.

모집인원의 변화가 그렇게 중요할까 궁금하신 분들도 계실 것 같은데요. 모집인원은 입시에서 굉장히 중요한 변수입니다. 모집인원이 상대적으로 많다는 것은 경쟁률이 낮아질 수 있다는 의미이므로, 마지막까지 경쟁률을 보며 어느 대학, 어느 학과에 넣어야 할지를 고민하는 것은 20년 전이나 지금이나 마찬가지입니다.

모집인원이 적은 경우에는 좋은 실력에도 불구하고 합격자 풀에 들어가는데 어려움이 생기게 됩니다. 10명을 뽑는 학과에서는 8등으로 합격할 성적도 5명을 뽑는 학과에서는 불합격이 되기 때문이지요. 모집인원의 크기와 그 안에서의 상대적 위치는 합격과 불합격에 가장 큰 영향을 미칩니다. 2024년 5월, 27년 만의 의대 증원 확정을 보시면 될 것 같습니다. 2025학년도 의대(의전원 포함) 모집인원은 기존 3,058명에서 1,509명 늘어 4,567명이 되었습니다. 저는 유치원을 다니는 제 조카에게 말했습니다. "의대를 준비하자!" 출생 인구는 줄어가는데 눈에 띄게 늘어난 모집인원을 보니 이건 무조건 해볼 만한 게임이라는 생각이 들었기 때문이죠.(2025년 4월, 의대 정원은 다시 원점으로 돌아갔습니다.)

그러니 대학의 모집인원의 60%나 차지하는 수시전형은 우리 아이가 입시에 성공하는 데 중요한 변수가 됩니다. 정시만큼 단순하지 않고 머릿속에 들어오지 않는 학생부 위주 전형들이라고 할지라도 눈여겨봐야 하는 이유가 바로 모집인원이 많다는 것입니다.

학종은 루머와 단짝입니다

학종은 큰 사건과 연루되면서 그 루머가 급속도로 증가하기 시작했습니다. 마치 모든 학종전형이 남의 손을 타지 않고는 만들어질 수 없을 것만 같은 이미지를 갖게 된 것 같습니다. 특히나 학종에 지금 당장 지원해야 하는 사람이 아니고서는 그 '루머'에 대해 상세히 알아보려고 노력하지 않기 때문에 루머는 슬며시 사실처럼 굳어집니다. 그렇기 때문에 애당초 학종을 가까이하지 않으려고 하시는 부모님들도 꽤 있습니다.

'금수저 전형'이다 '깜깜이 전형'이다는 말도 많고, 아이가 노력해도 학교 선생님이 그것을 학생부에 다 기재해 주지 않는다, 수시 준비에 시간을 쏟는 바람에 정시에 악영향을 받는다, 비교과 활동 몰아주기를 하기 때문에 잘하는 애들만 학생부를 잘 써준다는 등 의심에 불을 지피는 이야기들이 참 많습니다. 좋은 보고서 하나를 쓰기 위해서는 수백만 원 혹은 그 이상의 거금을 주는 것이 필요하다고 생각하기도 하고, 어떤 학생의 잘된 학생부를 보면 대번에 컨설팅받아서 만들어진 학생부라고 단정 지어 버리기도 합니다. 가까운 저의 지인도 고등학교 1학년 아이를 위해 컨설팅을 받느라 거금을 썼다고 하시더라고요.

정말 학종은 컨설팅 없이는 불가능한 금수저 전형일까요?

각 대학의 입학처 홈페이지에 있는 〈학생부종합전형 안내서(가이드북)〉를 한 번이라도 보신 분들은 그렇지 않다는 것을 아실 겁니다. "수능 만점 맞았어요"라는 인터뷰만큼, "학생부종합전형으로 원하는 학과에 합격했어요" 하는 후기에도 귀 기울여 보시기 바랍니다. 물론 모두에게 가능한 시나리오는 아니지만 중학교에서 고등학교까지의 기간 동안 자신의 적성을 찾아서 스스로 학습 능력을 충분히 발휘하는 아이들에게 불가능한 일은 아닐 거라 생각됩니다.

또 다른 유형도 있습니다. 모둠 활동이나 동아리 활동을 통해 스스로 계획을 세우고 그것을 실행하며 지식을 더욱 잘 습득하는 타입의 학생들이야말로 학종에 적합한 학생입니다. 혼자 하는 공부보다 학종을 준비하는 것이 학생의 능력을 더 끌어올려 줄 수 있습니다.

부모에게 학종이 더 멀게만 느껴지는 이유는 내가 경험한 입시와 전혀 다르기 때문입니다. 하지만 내가 배운 영어와 지금의 아이들이 하는 영어 수준은 다르고, 내가 읽던 책보다 더 많은 책을 아이들은 읽고 있습니다. 과거 부모들이 입시를 치를 때는 없었던 산업이나 분야가 국가 경제를 좌우하고 있지만 아이들에게는 그 환경이 전혀 낯설지 않습니다. 내신보다는 정성평가의 영역이 중요한 학종이 한 번에 손에 잡히지는 않겠지만 아이들은 우리의 염려보다 열린 수업, 발표와 토론, 스스로 설계하는 활동들에 거부감이 없습니다. 공부의 목적이 확실하지 않아서 억지로 지루한 길을 버텨내야 하는 상황이라면 주입식 수업이나 문제 풀이보다는 다양성 있는 학습 방법이 좋은 자극이 될 수 있는데 이 지점을 비교과 활동을 통해 경험할 수도 있습니다.

중상위권, 중위권으로 내려올수록 수능의 영향력은 더욱 미미해집니다. 앞선 표에서 보았듯이 비수도권의 수능 비중이 10%대에 그치는 것이 그 증거이기도 하지요. 대학이 수능으로 학생을 뽑지 않는다고 해서 수능 비중이 줄어드는 것이 아닙니다. 수능을 기준으로 세웠을 때 그것을 충족하는 수가 급격히 줄어드는 구간에서 수능으로 학생을 선발하는 것 자체가 무의미하기 때문입니다. 학생 개인의 입장에서 보자면 중하위권이 되면 수능으로 원하는 대학을 갈 수 있는 확률이 더 내려갑니다. 오히려 학종을 잘 이용했을 때, 본인의 수능 성적으로 갈 수 있는 대학보다 더 좋은 대학에 입학할 기회가 생기는 경우가 많습니다.

고등학교 3학년 여름방학,
골든타임을 살리는 건 수시 학종

고등학교 3학년(이하 고3)의 여름방학은 정말 뜨겁지만, 한편으로는 점점 지쳐갑니다. 체력적으로도 힘들고 공부를 열심히 하고 있지 않다고 해도 대학을 가려는 아이들 중에 고3 여름방학에 마음이 편한 아이는 아마 한 명도 없을 겁니다.

명문 고등학교에 다니는 한 학생은 수능을 앞두고 학교에 출석을 하지 않고 있습니다. 학교를 오가는 시간, 쉬는 시간, 친구들과 어울리며 쓰는 시간들이 모두 아까워서 혼자 공부하기로 결정한 것입니다. 그 순간 부모는 화를 내고 푸시 할 수도, 지금의 방법을 격려하기도 어렵습니다. 남의 집 이야기에 날이 선 잣대를 댈 수 있는 시기도 잠시뿐입니다. 내 아이도 결코 예외가 아니니까요. 이런 주제에도 갑론을박이 많습니다. 결국 입시를 위한 공부를 할 시간을 마련하는 일인데 학교 수업에 얽매여서 내 공부 상태와 맞지 않는 수업까지도 다 챙겨 들어야 하는 것인지 의문을 갖기도 합니다. 제가 마주할 현실도 이와 크게 다르지 않을 것 같습니다. 어떤 방식으로든 아이와 부모 모두 딜레마적인 상황을 경험하는 것이 대한민국 입시제도가 아닐까요.

수험생들은 죽기 살기로 공부를 해야 한다는 것은 알지만, 매너리즘에 빠지거나 열심히 해도 성적이 오르지 않는 것 같아 점점 어깨가 쳐집니다. 어떻게든 응원하고 격려하고 싶은 마음도 있지만 '정신 차려!'라고 충격요법을 주고 싶은 마음도 엄마에게 있습니다. 그러나 한창 예민할 때의 아이인 것을 알기에 입을 떼기가 쉽지 않습니다.

'성적을 부탁해 티처스'라는 프로그램을 흥미롭게 보았습니다. 유명한 강사님들이 나오셔서 학생의 공부법과 성적 향상을 위해 노력해 주시는 프로그램이지요. 그런데 고3쯤 되면 쉽게 오르지 않는 성적 앞에서도 아이의 공부 방식을 완전히 수정할 도리가 없습니다. 대한민국 1타 강사가 와서 "너 이거 바꿔야 해! 이런 식으로 하면 안 돼!"라고 말하지 않는 이상 아이들은 무엇이 잘못된 줄도 모른 채 공부를 꾸역꾸역해 나갑니다. 때론 1타 강사가 말해도 잘 듣지 않지요. 순공시간('순수하게 공부에 집중하는 시간'을 뜻하는 줄임말)을 하루에 6시간 이상 꼬박꼬박 가지고 있다고 해도, 부족한 교과목에 더 많은 시간을 쏟고 있다고 해도 공부장인이 되어가는 기분이 들지 않습니다. 거기에 N수생들이 모의고사에 등장하기 시작하면, 모의고사 성적을 올리는 게 문제가 아니라 유지하는 것조차도 쉽지 않습니다.

이런 아이들에게 수시를 준비하는 여름방학은 참 소중합니다. 정말 오랜만에 정신을 리프레시 시킬 수 있는 중요한 계기가 되지요. 고등학교에 와서 내신에, 수능에, 수행평가에, 놀고 싶은 마음에, 친구 관계에, 부모님의 기대까지, 자칫하면 과부하가 걸리기 쉽습니다. 이런 상태가 위험한 이유는 공부 의욕을 잃어버리게 만들기 때문입니다.

이럴 때 수시 원서 접수는 느슨해진 마음을 다잡을 수 있는 좋은 기회가 됩니다. 경각심이 생기고 내가 공부를 해야 하는 이유가 무엇인지 진정으로 생각해 보게 되죠. 그리고 아이들이 꽤 간절하다는 것을 아마 느끼게 되실 거예요. 억지로 하는 것처럼 보였던 공부인데도 사실 바라는 대학에 진학할 수 있다는 상상만으로 아이들의 심장은 두근두근해집니다. 예를 들어 친구에게 건네는 그 한마디, "나 고려대 수시 넣었어!" 이 말에서부터 마음가짐이 바뀌기 시작하는 것이죠. 예비 고

대생답게 공부를 해보고 싶어집니다. 부모님과는 그저 다툼의 주제이던 입시였는데 아이도 마음속에 간절히 바라는 것들이 다 있었습니다.

언제 아이들에게 공부 동기가 생길까요?
조금만 열심히 하면 내가 원하는 대학에 합격할 수도 있을 것 같은 확률을 볼 때입니다.
지금껏 등수와 점수로 등락이 갈라지는 결과만 보았는데, 작년에 대학에 합격한 고등학교 선배들의 합격 후기를 접하면서 '우리 학교에서 이 정도를 하면 내가 원하는 대학에 합격할 수 있구나'라는 현실적인 감각을 얻어가는 것이지요.
수시 지원을 위해 학생부의 내용을 보강하면서, 또는 학생부는 비록 가망이 없지만 논술전형을 열심히 준비한 뒤 수능 최저학력기준을 잘 맞추면 내가 원하는 대학에 갈 수도 있겠다는 마음이 들 때, 아이들은 다시 한번 힘을 내보려고 합니다. 닿을 수 있는 목표가 보일 때 가장 열심히 할 수 있기 때문입니다.
제가 이 책에서 자세하게 설명드릴 학종은 공부 동기에도 긍정적인 영향을 미치는 전형입니다. 조금은 번잡스러울지 모르지만, 학종을 끌고 가야 하는 이유가 분명히 있습니다. 자기 자신에게 의미 있는 공부일 때 아이들은 마음이 움직입니다. 시험만을 위해 하는 것이 아니라 나의 미래를 위해 하는 공부라고 느끼는 부분이 있다면 분명 그 공부를 통해 보람을 느끼게 될 것이고, 이러한 긍정적 순환이 반복되면 한 차원 높은 배움을 알게 될 것입니다.

서울대를 수시로 많이 보내는 고등학교들의 특징

아이가 학년이 올라갈수록 왜 주변의 선배 엄마들이 시간이 많을 때 책을 많이 읽히라고 했는지, 연산은 꾸준히 해두라고 했는지 공감이 됩니다. 나이가 들수록 시간은 점점 없어지고 할 것은 많아지죠. 아이는 자꾸 조금만 공부하려고 하니 시간이 있을 때 좀 당겨서 미리 해두라는 선배들의 안배인 것입니다. 그런데 확실히 선행이 가능한 영역들이라면 미리 해두는 것이 도움되는 경우가 많습니다.

그런데 학종이라는 영역은 선행을 시키기에 참 애매합니다. 수능처럼 '국영수사과' 같은 교과목으로 딱 떨어지는 범위로 한정 짓기가 어렵기 때문입니다. 또 범위의 문제를 넘어 학종 준비를 제대로 한다는 것은 아이 자신이 배우고 있는 것에 대한 문제도 스스로 내고, 답도 스스로 찾는 일을 포함하는 것입니다. 이것이 제가 정의하는 '좋은 비교과 활동'의 뜻이기도 한데요. 모든 교육서가 자기주도적 학습자가 되어야 한다고 말하는 이유는 '참공부'를 하는 학생은 스스로 자신에게 질문을 던질 수 있는 학생이기 때문입니다. 그렇다면 초등학생의 마인드로는 이런 생각을 할 수 있습니다. '배운 것을 바탕으로 풀기 쉬운 질문을 만들고 정답을 맞히면 되겠네.' 아, 물론 가능합니다. 중요한 것은 학생이 낸 질문의 수준도 평가하는 것이 학종이라는 점이지요.

어떻게 하면 학종의 실루엣을 조금 쉽고 편하게 보여드릴 수 있을까 고민하다가 서울대를 이용하기로 했습니다. 가장 자극적이지만 가장 빨리 이해되는 대한민국 입시의 치트키는 언제나 서울대인 것 같습니다.

교육신문 〈베리타스알파〉에서는 매년 '서울대 합격 톱100'이라는 자료를 제공합니다. 어느 고등학교가 학생들을 서울대에 많이 보내는지를 정리해 발표하는 것이죠. 이미 많은 분이 참고하시는 유명한 자료입니다. 입시 관련 일을 처음 하던 시절에는 이렇게 고등학교의 순위를 매겨도 되는 건지 의문이 들었습니다. 대학도 모자라 고등학교까지 줄을 세우는 것이 과연 학생들을 위한 일인가라는 생각을 했지요. 사회 초년생 때의 저는 순수했지만, 엄마가 된 이후의 저는 눈에 불을 켜고 '서울대 합격 톱100' 속 고등학교 순위를 매해 체크합니다. 당장 이 자료를 가지고 할 수 있는 일은 없지만, 입시의 주도권을 누가 어떻게 잡고 있느냐에 대해서는 입시 관련 일을 할 때보다 내 아이가 생긴 이후 훨씬 더 궁금하더라고요.

	수시	정시	합		수시	정시	합
외대부고	26	28	54	대일외고	24	4	28
대원외고	31	20	51	화성고	5	22	27
보인고	8	28	36	선덕고	9	17	26
하나고	25	10	35	중동고	3	21	24
단대부고	7	26	33	배재고	13	11	24
낙생고	2	30	32	경남과고	22	1	23
세화고	2	29	31	상산고	6	17	23
휘문고	1	30	31	명덕외고	18	3	21

※ 베리타스알파 '2025 서울대 합격 톱 100' 발췌

　혹시 위의 자료를 아무 의문 없이 '서울대 합격 톱100 순위'로만 받아들이는 학부모가 있다면 저에게는 염려가 하나 생깁니다. 어떠한 과정을 통해 이 학교들이 상위권에 있는지는 알려고 하지 않고, 그저 순위만 보고 이름을 기억해서 우리 아이도 여기에 보내야 한다는 맹목적인 생각을 하고 계신 것은 아닌지 말입니다.

　"좋은 고등학교라고 들었어!" "그 학교 좋잖아"라며 순위권의 학교들이 왜 좋은지 이유는 모르지만 그저 막연히 좋을 거라고 믿고만 계셨다면 이제는 그 이유를 함께 알아봤으면 좋겠습니다. 만약 서울대에 잘 보내는 학교들의 비밀을 알아낼 수 있다면, 분명 우리 아이에게도 적용해 좋은 결과를 만들 수 있지 않을까요?

저는 학종에 대해 이야기할 것이기 때문에 당연히 수시 합격자를 기준으로 자료를 살펴보겠습니다. 정시로만 대학을 갈 예정이라면 정시 합격자 수를 중점적으로 보셔야 합니다. 수시와 정시 합격자 총합이 높은 전체 합계로 이 자료를 보시는 것은 커다란 왜곡을 만들 수 있으니 참고하시기 바랍니다.

서울대의 수시전형은 교과전형이나 논술전형 없이 모두 학종전형이기 때문에 서울대 수시 합격생은 '서울대 학종 합격생'으로 보시면 됩니다. 톱100 중 상위권 학교들은 그들 안에서 주거니 받거니 순위를 내주기는 하지만, 부동의 상위권을 지키고 있는 학교들이라는 특징을 가지고 있습니다.

서울대를 수시로 많이 보내는 학교들의 특징은 전사고나 외고, 특목고가 많다는 것입니다. 그렇다고 "모두 특목고 입시를 준비하세요"라고 한다면 저 역시 특별히 도움이 되는 이야기는 못 하고 있는 것이겠지요? '서울대가 고등학교 유형에 따라서 어떤 학교는 더 선발하고, 어떤 학교는 덜 선발한다'는 것은 저 정보를 보는 단편적인 해석일 수 있습니다. 만약 정말 서울대의 취향이 그렇다면 해당 학교에 있는 전교생에게 어드밴티지가 주어져야 하는데 사실 해당 학교를 나와도 서울대 학종에 합격하는 학생들은 15% 내외입니다. 15%조차도 많은 비율이긴 하지만 해당 고등학교를 어렵게 들어간 것에 비하면 만족스러운 결과물은 아닌 것 같습니다. 서울대 이하 학교들에서는 더욱더 고교 유형으로 학생을 선발한다고 확신하기 어렵습니다. 외대부고 2등급이 지원하는 경우와, 외대부고 6등급이 지원하는 경우는 전혀 다른 양상이 되기 때문입니다. 그러니 고교 유형이 가지는 강점을 인정은 하되 그것을 내 아이가 잘 활용할 수 있는 수준인지 아시는 것이 필요합니다. 옆 친구의 입결이 내 입결이 되는 것은 아닙니다. 고등학교 순위와 각 고등학교가 갖추고 있는 환경에 대해 살펴보며 크게 세 가지로 서울대 합격에서 강세를 보이는 학교들의 특징을 정리해 보았습니다.

특징 1. 진로와 관심 분야에 대한 고민의 시간

선발형 고등학교가 왜 학종에서 강세를 보이는지에 대해 분석할 때 입시 전문가들이 많이 언급하는 이유 중 하나는 바로 '고등학교 입학 전 자신의 진로와 관심 분야(학문)에 대해 얼마나 고민해 볼 시간을 가졌는가?'입니다.

중학교에서 고등학교로 넘어가는 시점에는 학부모든 아이든 마음의 고삐를 단단히 잡습니다. 수학은 충분히 선행했는지, 사회와 과학 과목도 이제는 챙겨야 하고, 국어도 점점 어려워지는 것 같아서 새로운 학원을 알아보다 보니, 사교육비의 지출이 대폭 증가하는 시점이기도 합니다. 교과목 선행 학습을 할 시간도 부족한 상황에서 진로에 대해 고민할 시간이 쉽사리 주어 질리 없습니다. 그에 반해 고입을 위해 학생부를 챙기고 자기소개서를 작성하는 아이들은 중학교 3학년 동안 강제적으로 진로 고민의 시간을 갖게 됩니다. 바로 이 시간이 학종 합격의 차이를 유발하는 첫 스텝이 되는 것이지요.

그렇다면 중학교에서 고등학교로 넘어가는 시점에 갖게 되는 진로에 대한 고민은 어떤 방향이어야 할까요? 이 내용은 '고입 자기소개서는 어떻게 써야 하는가?'라는 질문으로 말씀드릴 수 있을 것 같습니다.

학교의 자체적인 기준을 가지고 학생을 선발하는 영재고, 특목고, 자율고와 같은 '선발형 고등학교'에 지원하려면 기본적으로 자기소개서를 작성해야 합니다. 이 과정에서 학생은 고등학교를 설득하기 위해 자신이 얼마나 괜찮은 학생인지를 밝혀야 합니다. 자신이 학습해 온 과정을 되돌아보고 대표할 만한 학습경험을 나열할 수 있어야 합니다. 지원하는 고등학교에 진학하게 될 때, 어떤 확고한 꿋대를 가지고 공부할 것인지 자기소개서에 담아 제출해야 하죠.

자기소개서의 질문 항목들을 보면 공통적으로 다음과 같습니다.

- 스스로 학습 계획을 세우고 학습해 온 과정
- 고등학교 진학 후 본인의 꿈과 끼를 살리기 위한 활동 계획
- 고등학교 졸업 후 진로 계획

결국 고입 자기소개서를 준비했던 학생들은 고입의 성패 여부와 관계없이 가까운 미래에 자신이 해야 할 일과 방향을 정비하는 시간을 강제적으로라도 갖게 됩니다. 면접 준비까지 한다고 생각하면 중학교 기간 동안 자신에게 의미 있었던 공부 경험과 그것을 바탕으로 한 앞으로의 계획을 자신의 입으로 수도 없이 말해야 하죠.

선발형 고등학교를 준비할 계획이 없다고 하더라도, 앞의 질문들에 대해 진중하게 생각해 보는 것은 아이에게 유익한 일입니다. 앞의 질문들에 대한 대답이 만약 '계획 없음, 고등학교 학업과는 전혀 상관없는 꿈과 진로를 희망함'이라면 오히려 고등학교 진학에 대해 다시 고려해 보는 것이 실제적으로 옳다고 생각합니다. 오늘날 대한민국에서 그런 선택을 하는 경우는 흔치는 않지만 말이죠.

중학교 기간 동안 과연 나는 스스로 학습 의지를 갖고 학습해 온 영역이 있었는지, 고등학교에 가서 더 공부해 보고 싶은 영역이 있는지, 대학 진학과 직업에 대해서는 구체적인 꿈이 있는지를 차근차근 진단해 봐야 합니다. 펜을 들고 자신의 중학교 생활을 정리하여 적어 나감으로써 무엇을 이루었고, 무엇을 이루고 싶은지를 명확히 하는 과정을 거치는 것이지요. 이러한 생각은 고등학교에 진학하여 학종을 준비하게 되는 1학년 1학기부터 아이에게 긍정적인 영향을 미칩니다. 중학교 3학년에 진로와 자신에 대한 성찰을 정성껏 해보았다면 고등학교 1학년 때 겉도는 시간 없이 본격적인 학습경험으로 진입할 수 있습니다.

특히 고교학점제와 연관하여 나는 어떤 수업을 들으며, 나의 학업을 어떻게 설계할 것인지 결정할 때 도움이 될 것입니다.

반대로 이러한 과정 없이 학종을 준비하게 되면 분명히 학교를 성실히 다니며 무엇인가를 했는데 쌓아 올린 것이 없는 학생부가 되기 쉽습니다. 학생 스스로는 바쁘게 살며 채워낸 자신의 학생부를 높게 평가하지만, 막상 대학이 중요하게 생각하는 진로에 기반한 역량이 부재하고, 질문을 만든 뒤 그것에 깊이 있는 대답을 찾아가는 과정이 드러나기 어렵습니다. 결론적으로는 상위권 대학에서 기대하는 수준의 비교과 활동에 닿지 못합니다. 그렇기 때문에 진로에 대한 자신의 생각과 그것을 정리해 보는 시간을 시기적절하게 가질 수 있도록 하는 것은 더 멀리 도약하기 위해 중요한 준비 단계입니다.

특징 2. 수행평가의 중요성

수행평가는 시험처럼 정답을 맞추는 것에 초점을 두기보다는 과정 중심으로 평가를 진행합니다. 같은 주제를 가지고 한 학급의 모든 학생이 보고서를 작성한다고 하더라도 모두 다른 방법으로 보고서에 접근할 수 있습니다. 컵라면에 뜨거운 물을 부어 먹는 한 끼, 자취생의 자취방에서의 한 끼, 명절의 거나한 한 끼 모두 한 번의 식사라는 것이 같지만 결과물을 만들어내는 과정과 재료, 노력의 시간이 모두 다른 것과 마찬가지이죠. 수행평가 역시 모두 보고서를 제출하였다고 표시가 되지만 각자가 하나의 보고서를 위해 쏟아 넣은 열정은 다릅니다. 대입 수시전형에 강세가 있는 고등학교들은 수행평가의 재료와 과정, 열정까지 다양한 각도에서 평가하고자 합니다. 평가의 기준은 곧 학생에게 요구되는 수준의 정도를 말합니다. 더 높은 수준을 요구하는 평가일수록 평가의 기준은 세분화되고 구체적입니다.

모든 학교가 빠짐없이 그렇다고 말할 수는 없겠지만 큰 맥락에서 수시에 우세한 학교들은 수행평가의 비중이 지필평가의 비중을 넘는 교과목이 있을 정도로 수행평가의 영향력이 큽니다. 이것이 의미하는 바가 무엇일까요?

과목별 등급 산출에서 지필평가 못지않은 강력한 영향을 미치는 것이 수행평가라면 학생도 자연스럽게 수행평가에 심혈을 기울이게 됩니다. 지필평가에서 한 문제를 놓쳐도 수행평가에서 좋은 점수를 받는다면, 틀린 문제를 만회할 수 있다고 생각할 수 있으니까요. 수행평가의 중요성에 대해 제대로 인지하고 고등학교 생활을 시작한다면 학생 스스로도 수행평가의 질을 높이기 위해 노력을 쏟게 됩니다. 반면에 수행평가의 비중이 낮고 대부분이 만점을 받는 구조로 설계되어 있는 경우에는 수행평가에 노력할 필요가 없다고 판단을 하는 것이 당연하죠. 아이들도 영리하니까요. 그런데 이 수행평가는 뒤에서 자세히 말씀드리겠지만 학종에서 원하는 역량을 키워낼 수 있는 가장 일반적인 통로입니다. 학종에는 수행평가 과제물 그 이상의 것들이 요구되기는 하지만 전교생이 똑같이 하는 수행평가를 성실히 해내야만 그 이상의 것들을 소화할 역량을 갖추게 됩니다. 수행평가로 단련된 탐구수행 방식이, 자신의 진로 분야에 대한 배움을 익힘으로 연결하는 윤활유 역할을 합니다. 2028학년도 대입부터는 모든 고등학교의 수행평가와 수행평가 영역명, 성취기준이 학생부에 추가 정보로 제공됩니다. 수행평가를 유심히 보는 눈이 더욱 많아진다는 뜻입니다.

특징 3. 학교 안에서 할 일이 많다

학종에 강세를 보이는 학교에 다니는 학생들을 보면 학교 안에서 발생하는 다양한 활동에 참여하느라 공부할 시간이 더 빠듯해 보입니다. 학원에서 많은 시간을 보내는 것이 아니라 오히려 친구들과 학교 동아리나 프로젝트 모둠 등으로 해야 할 일들이 많기 때문입니다.

학교 안에 활성화된 프로그램이 많은 경우 아이에게 좋은 자극을 줄 수 있습니다. 교내에서 진행하는 프로그램이 다양하고 많다는 것은 교과목 수업이 아닌, 그 외의 활동에서 학문적 기량을 뽐내볼 수 있는 기회가 많다는 의미가 됩니다. 기량을 뽐낸다고 학종에 유리한 것은 아니지만, 학생이 개별적으로 탐구해 나갈 수 있는 기본 토대를 학교가 제공함으로써 지식탐구를 실행으로 옮기기가 훨씬 수월해집니다. 이 부분에서 학종이 원하는 인재가 되어가는 것이지요. 때론 정량적으로는 보이지 않는 학생의 역량이 정성적으로는 보이기도 합니다.

대학에 가면 다양한 수업을 들으며 각 수업별 과제물을 받게 됩니다. 교양과목에서 글쓰기 과제를 제출해야 함과 동시에 마케팅 과목에서는 프로젝트를 통해 팀으로 새로운 마케팅 전략을 세워야 하죠. 상호 간에 전혀 관계가 없는 듯하지만, 각각의 과제를 수행하면서 어디서부터 무엇을 찾아야 할지 몰라 키보드 위를 방황하던 손가락이 어느새 자료를 찾는 방법을 터득하게 됩니다. 시작할 때는 쭈뼛쭈뼛 눈치를 보며 서먹했던 팀원들과도 과제물 데드라인 앞에서는 본능적으로 해치워야 할 일들을 함께 뚝딱해 내기도 합니다. 이 과정에서 누군가는 계속해서 끌려가고 누군가는 이끌어갑니다. 그것이 각자 몫의 역량이 되고요.

고등학교 안에서도 자유도는 다르지만, 학급에서 자율적으로 기획할 수 있는 활동이라던가, 진로 수업의 연장선상인 활동, 그 밖의 프로그램 등에 참여하며 유사한 상황이 벌어지는데요. 이 상황을 통해 길러지는 능력이야말로, 가장 중요한 비교과 역량입니다. 주어진 주제를 가지고 어떻게 헤쳐나가야 할지 나름의 프로세스를 정립해 가는 과정을 반복적으로 겪으면서 점차적으로 양질의 결과물을 내게 되는 것이죠. 그것이 비교과 활동의 질적 차이를 만들어내고, 이 차이가 수시 학종에서 성패를 가르는 지점이 됩니다.

내 아이가 활용해야 하는 고교특색사업

다른 지역으로 이사를 위해 학교를 알아봐야 할 때, 진학할 가능성이 있는 주변의 상급 학교에 대한 정보가 필요할 때, 지금 아이가 다니고 있는 학교의 정보를 알고 싶을 때 모두 '학교알리미'를 활용합니다.

'학교알리미'는 교육부와 한국교육학술정보원이 초등학교, 중학교, 고등학교에 대한 전반적인 공시 사항 및 현황을 간편하게 확인하도록 만든 사이트입니다. 고등학교에 대한 정보가 특히나 많이 필요한 고입 시기에는 적극적으로 '학교알리미'의 공시 정보를 활용하는 것이 필요합니다. '학교알리미'에서는 각 고등학교가 운영하는 특색사업에 대한 소개를 확인할 수 있는데, 이 정보는 해당 고등학교의 학종 준비도를 가늠할 수 있는 중요한 기준이 됩니다.

'학교알리미'에서 고교특색사업 검색하는 법

'학교알리미'에서 검색을 원하는 고등학교 명을 넣은 뒤 학교 이름을 클릭한 다음, 교육활동 탭에서 '고교운영 특색사업 계획'이라는 항목을 클릭하면 '기타 교육운영 특색사업'에 해당 고등학교가 운영하고 있는 특색사업에 대한 소개 파일을 내려받아 볼 수 있습니다

특색사업 소개를 보면 구체적으로 운영하는 프로그램과 프로그램이 가진 목표, 지원자격, 운영방법 등이 설명되어 있는데요. 몇 개 학교만 찾아보시면 '특색'이 무엇인지 느낌이 오실 정도로 고등학교마다 특색사업으로 제시하고 있는 프로그램의 색깔이 제법 다릅니다. 예를 들어, 한 고등학교의 경우 부모의 참여를 요구하는 프로그램, 학생들의 자존감을 높여주는 프로그램들을 중요시합니다. 하지만 다른 고등학교의 경우 수학 인재, 과학 인재를 각 학년별로 몇 명씩 선발하여 그 학생들을 대상으로 어떤 구체적인 프로그램을 운영할지 시간표를 제공하기도 합니다. 이처럼 다양한 특색사업을 읽을 때 내 아이에게 적합한지, 수시 시스템으로서 잘 기능하는지를 판별하기 위한 몇 가지 체크리스트를 만들어 보았습니다.

첫 번째로 '전 학년을 걸쳐 심화되는 프로그램이 존재하는가'입니다. 1학년 1학기 때 참여한 독서 프로그램을 2학기 때는 토론으로 이어주고, 다음 해에는 강연을 듣게 해주는 식의 프로그램이 있다고 생각해 봅시다. 학생 입장에서는 학교가 운영하는 프로그램을 따라가기만 해도 학생부에 쓸만한 내용이 생길 확률이 높아집니다. 학교가 학생에게 떠먹여 주기 위해 특색사업을 설계했다고 해도 과언이 아니지요.

두 번째로는 '내 아이의 계열적합성에 맞는 특색프로그램이 존재하는지'입니다. 내 아이는 문과계열의 성향을 띄고 있는데, 고등학교에서 주로 이과계열 프로그램을 중점적으로 운영하고 있다면 특색사업이 아무리 잘 운영되고 있다고 하더라도 내 아이가 혜택을 보기에는 어려울 수 있습니다. 고교학점제는 과목을 선택해야 하는 문제도 있기 때문에 내 아이의 계열이 활성화되어 있는 학교를 찾는 것은 매우 중요합니다.

세 번째로는 '특색사업을 통해 학교의 정체성을 나타내고자 하는지'를 보셔야 합니다. 여러 개의 특색사업이 있다고 해도 구체적이지 않다면 손쉬운 모방으로 프로그램 형식만 갖추고 있을 수 있습니다. '특색'이 나타나지 않고 모든 학교에서 있을 법한 깊이의 프로그램이라면 내 아이에게도 차별점을 주기 어렵습니다. 이럴 경우 고등학교 선택에 있어서 특색사업의 활성화를 통해 얻을 수 있는 것이 적다고 가정해도 계속해서 이 고등학교를 지망하고 싶은지를 확인해야 합니다. 고등학교의 정체성은 많은 부분 학업역량에 있기 때문에 이를 키우는 것에 기반을 둔 프로그램이 자리 잡고 있는지를 보시는 것도 좋은 기준이 될 것입니다.

이렇게 매의 눈으로 고교 특색사업까지 확인해 가며 고등학교를 선택한다고 해도 말짱 도루묵이 되어버리는 경우가 생깁니다. 가장 중요한 것은 내 아이의 적극성이기 때문입니다.

학교가 사활을 걸고 운영하는 특색사업이라면 교내 선발 과정이 불가피합니다. 학생 전체를 대상으로 하는 특색사업도 있지만 대체로 20명~40명 정도 선에서 프로그램을 운영하게 되는데, 그래야만 프로그램의 목적을 달성할 수 있는 환경이 갖추어지기 때문입니다. 지원자를 모집 후 선발을 통해 이루어지는 특색사업인데 내 아이는 지원할 생각이 없다면 아무 소용이 없습니다. 지원자 선발 시 지원자가 제출하는 학업계획서나 탐구계획서, 자기소개서를 통해 대상자를 선발하게 되는데 그런 서류의 내용이 부실하다면? 결국 그 프로그램에 선발되지 못하게 됩니다.

자기소개서는 그나마 쉬운 형식이지만 정말 자기를 소개하라는 뜻은 아닙니다. 해당 프로그램에 적합한 아이디어를 가진 자신의 생각을 소개하는 것이지요. 학업계획서 또한 막연한 나의 계획이 아니라 이 프로그램을 통해 어디까지 성장할 것이고 그래서 도달하고 싶은 목표가 무엇인지 분명해야 합니다. 이런 사전 지식은 어디서 얻을 수 있을까요? 당연히 중학교 생활 동안 전 교과에서 연습한 수행평가와 보고서, 그리고 진로 탐색의 시간들이 녹아져야 하는 부분입니다.

고등학교가 특색사업을 열심히 운영하는 이유는 수시를 지원할 때 유리한 지점이 분명 있기 때문입니다. 학종의 평가요소인 학업역량, 진로역량, 자기주도까지 모두 커버하는 형태의 특색사업을 운영하는 베테랑 고등학교들이 이미 많이 있습니다. 특히나 내신우위자, 1학기 중간고사 우수자 등은 학교에서 알음알음 챙겨서 특색사업에 참여하게 만들기도 합니다. 담임선생님 추천이라는 루트도 있습니다. 성실하고 적극적으로 수업에 임하는 학생들은 눈여겨보았다가 조금이라도 수시에 도움이 될 만한 프로그램을 추천해 주시는 것이죠. 그러니 고등학교에 가서 이런 프로그램의 혜택을 누리고 싶다면 '선발될 만한 적극성'이나 '내신' 둘 중 하나는 갖추는 것이 중요합니다.

④
'서울대 학생부종합전형'만 알면 됩니다

탐구력,
서울대 학종 대표 역량

서울대 수시전형은 대한민국 수시 학종전형의 근간입니다. 대한민국 입시는 서울대의 전형이 곧 대학 전체의 전형에 영향을 미치는 양상을 띠고 있습니다. 그렇기 때문에 서울대 수시전형을 아는 것은 입시에서 필수적입니다. 저 역시도 한 대학에 있을 때는 다른 대학의 전형에 대해 깊게 알지 못했고 궁금해하지도 않았어요. 하지만 컨설팅하면서, 그리고 결국 학부모가 되고 나니 흐름과 방향을 아는 것이 무엇보다 중요하다는 것을 알게 되었습니다. 희망 대학은 하나라고 하더라도 지원 가능한 대학은 여러 개가 될 수 있어요. 내가 지원할 수 있는 여러 개의 대학을 그룹지어 생각해 보기도 하고 구별 지어 생각해 보기도 하면서 내 아이를 더 잘 봐줄 대학의 전형이 존재한다는 것도 서서히 알게 되실 겁니다. 그렇다면 이 모든 것의 기준점이 되는 '서울대 학생부종합전형'부터 살펴보도록 하겠습니다.

수능이 공부 잘하는 순서를 정해주는 시험이라면, 대학이 가진 수시전형은 그 대학이 뽑고 싶은 기준으로 실력을 평가하는 전형입니다. 그래서 대학들은 자기 대학의 핵심 수시전형으로 뽑은 학생들을 가장 마음에 들어 합니다. 물론 대학은 마음에 드는 학생들로만 정원을 다 채우고 싶어 하지만, 학생들도 마음에 드는 '최애 대학'이 있기 때문에 대학 정원의 일부만이 대학이 원하는 인재의 모습을 가지고 있습니다.

그렇다면 대학이 뽑고 싶은 인재는 어디에 공개되어 있을까요? 입학사정관제에서 학종으로 넘어가던 그 시절만 해도 그 대학의 '인재상'을 보고 지원하라는 이야기를 했습니다. 하지만 이내 대학들도 인정했어요. 우스갯소리이기도 하지만 모든 대학의 인재상은 '공부를 잘하는 학생'이라는 것을요. 그러면 이제 알아야 하는 것은 공부를 '어떻게' 잘하는 학생인지입니다.

이것에 대한 해답은 각 대학의 전형평가요소에 있다고 할 수 있습니다. 서울대의 2028학년도 전형을 가지고 설명해 보도록 할게요.

서울대는 2028학년도부터 기존에는 '서류평가'라고 칭했던 학생부평가의 명칭을 '종합역량평가'라고 부르겠다고 했습니다. 일단 수시에서 '1차 서류평가'를 통해 학생을 선발합니다. 그렇게 된다면 서류평가의 기준이 수시 학종평가의 가장 큰 비중을 차지하게 됩니다. 여기에서 말하는 서류는 학생부입니다. 서울대 학종은 '종합역량평가'라는 개념을 통해 단순히 학생부에 적힌 글을 평가하는 것이 아니라, 그것에 담겨있는 학생의 역량을 평가하고자 합니다.

'역량'이라는 말은 지식, 태도, 습관, 경험, 성장 가능성을 모두 아우르는 폭넓은 개념입니다. 공부를 어떻게 잘해야 하냐면, 역량 있게 잘해야 합니다. 너무 추상적이지요? 그래서 역량이라는 것을 평가하기 위해서 그 안에 세 개의 기둥을 세웠습니다. 서울대가 세운 세 가지 기둥은 바로 '종합사고역량, 창의탐구역량, 공동체역량'입니다. 사실 다른 서울 상위권 대학들도 유사한 평가요소를 가지고 있습니다. 그런데 이 중 서울대가 다른 대학과 차별되는 가장 대표적인 특성을 뽑자면 바로 '창의탐구역량'이라 할 수 있습니다.

창의탐구역량은 '탐구력이 있는 학생인가요?'를 묻는 역량이라고 보면 될 것 같습니다. 서울대 학종을 지원하려는 학생은 탐구력 있는 학생이어야 한다는 이야기입니다. 서울대는 타 대학에 비해 이 탐구력을 중요하게 생각합니다. 탐구력이란 지적 호기심으로부터 출발하여 주어진 지식을 다른 지식과 연계·확장하고 스스로 탐구 방법을 수립하여 문제를 해결해 나가는 능력을 말합니다. 공부를 잘하는 학생이 탐구력을 가질 수 있는지는 뒤에서 좀 더 살펴보겠지만 어쨌든 탐구력의 정의를 보았을 때 학문에 대한 능동적이고 적극적인 태도를 기대한다는 것을 눈치채셨으면 합니다.

지난 2024년, 성균관대는 입학설명회에서 2025학년도부터 학종 평가요소에서 '전공적합성'을 보지 않겠다는 메시지로 많은 학생들과 학부모를 술렁이게 하였습니다. 여러 가지 부연 설명이 필요할 것 같은데요. 일단 전공적합성이란 학종에서 높은 비중을 차지하는 평가요소였습니다. 뒤에서 더 말씀드리겠지만 학종전형 자체가 자신의 진로에 대한 설계를 어떻게 해나가는지를 보는 전형이기도 해서, 대학에 가서 공부하고 싶은 전공에 대해 고등학교에서 얼마나 그 기반을 닦고 지원했는지를 보기도 하거든요. 시간이 흐르면서 전공적합성이라는 말 대신 '진로역량'이라는 개념을 사용하게 되었지만 어쨌든 여전히 희망 전공, 희망 학과는 학종에 영향을 미칩니다. 그런데 성균관대가 바로 그 역량을 보지 않겠다고 한 것이지요.

그러면 어떤 학생들에게 기회가 주어질까요? 저는 진로를 정하지 못했거나 전공적합성에 부합하는 활동들이 잘 보이지 않는 학생부를 가진 학생들에게 문이 열린 것이라 생각됩니다. 그래서 나의 약점이 전공적합성이라고 생각하는 학생들에게 새로운 기회가 생기는 것이지요. 그런데 전공적합성을 보지 않는 대신 성균관대가 가져온 평가요소는 '탐구확장성과 탐구주도성'입니다. 한눈에 봐도 서울대의 창의탐구역량과 유사한 개념 같아 보이지요? 그렇다면 저는 과감히 이렇게 해석해 보겠습니다. '서울대 갈 만큼 탐구력을 가지지는 못했지만 그래도 좋은 탐구력을 가졌다면 전공적합성이 없어도 우리가 뽑아 줄게'라는 말로요. 성균관대가 전공적합성을 제거함으로써 합격의 가능성을 모두에게 더 넓힌 것이라고 보기는 어렵습니다. 다만 탐구력에 대한 기대치를 노골적으로 표시했으니, 이제는 탐구력이 있는 활동을 학생부에 가진 친구들이 확실히 유리해진 것은 맞겠지요.

그렇다면 혹시 다른 대학들도 탐구력을 중요하게 생각할까요?
연세대 이하 많은 서울 상위권 대학들의 학종 평가요소는 학업역량, 진로역량, 공동체역량으로 이루어져 있습니다. 이렇게 보니 꼭 탐구력이 필요하지 않은 것처럼 보이는데요. 상위권 대학들은 학업역량의 세부요소로 '탐구력'을 가지고 있습니다. 연세대 역시 설명회를 통해 탐구력이 매우 중요한 항목으로 평가에 활용되고 있으며, 교과 학습뿐 아니라 관심 분야에 대한 적극적인 독서 활동, 글쓰기, 탐구 및 연구 활동, 실험 실습 등의 다양한 학습경험을 통해 탐구력이 향상되는 것이기 때문에 고차원적인 학업역량을 보여주는 필수 요소로 보고 있다고 밝힌 바 있습니다. 학생부를 어떻게 써야 하는지가 아닌 탐구력이라는 역량을 어떻게 보여줄 것인가를 고민해야 하는 전형이 바로 학종전형이라는 것을 꼭 기억하세요.

서울대 학종 히든카드
: 독서

서울대는 스스로 자신을 '독서를 사랑하는 대학'이라고 부를 정도로 독서를 강조합니다. 서울대가 독서를 중요하게 생각하는지 어떻게 알 수 있냐고요? 다 증거가 있습니다. 2023학년도까지 학종전형에는 '자기소개서'라는 필수 제출 서류가 있었습니다. 지금은 학생부만 제출하게 되어있지만 불과 몇 년 전만 해도 학생부와 더불어 자기소개서를 제출해야 했고, 각 대학별로 자기소개서에 있는 3~4가지 문항에 대해 학생들이 답하는 형태로 자기소개서를 구성했습니다. 대학들은 공통 문항을 가지고 있어서 학생들이 준비해야 하는 문항이 늘 유사했는데요. 서울대를 지원하는 경우에는 서울대만이 가지고 있는 문항이 있어서 추가로 더 준비해야 하는 부분이 있었습니다. 그 문항의 내용은 다음과 같았습니다.

> 3. 고등학교 재학 기간(또는 3년간) 읽었던 책 중 자신에게 가장 큰 영향을 준 책을 2권 이내로 선정하고 그 이유를 기술하여 주십시오.
> ('선정 이유'는 단순한 내용 요약이나 감상이 아니라 읽게 된 계기, 책에 대한 평가, 자신에게 준 영향을 중심으로 기술)

그 대학만의 색깔을 보여주는 3번 문항에서 서울대는 학생이 읽은 책 2권에 대해 이야기하길 원했습니다. 문항을 자세히 읽어보면 '선정 이유'에 대해서도 구체적인 기술 가이드라인을 제시합니다. 흔한 독후감이나 요약을 쓰지 말고 그 책에 대한 자신의 관점을 서술하라는 것입니다.

공부를 하며 자신의 흥미를 따라 자연스레 책을 읽었던 친구들에게는 어렵지 않은 문항이었지만, 3번 문항 때문에 책을 읽어야 하는 친구들에게는 3번 문항이 암기과목이나 다름없었습니다. 자기소개서를 쓰는 여름방학 동안 2권의 책을 선별해서 읽어야 했고, 그 책들의 의미를 자신의 진로나 학업역량과 관련해서 풀어내야 했기 때문입니다. 또 면접에서 마주하게 될 독서 관련 질문에 대한 두려움도 있었고요. 어쨌든 이 3번 문항 덕분에 우리는 쉽게 이런 내용의 글을 발견할 수 있습니다. '서울대 합격자가 읽은 도서 리스트'라는 글 말이죠.

실제로 서울대가 홈페이지에 도서 리스트를 올려두기도 했는데 당시 자기소개서를 작성하는 학생들이 어떤 책을 읽어야 합격을 할 수 있는지 수많은 문의사항을 입학처에 던졌기 때문이라고 추측됩니다. 그런데 그 질문 때문에 서울대와 학생 간의 오해가 시작되었다고 봐도 될 것 같습니다. 서울대에 합격할 만한 책이 따로 있는 게 아니라 학생의 진짜 관심사를 학생의 독서 리스트를 통해 알고 싶었던 것인데요. 왜 사람들은 정답을 가진 구체적인 책 한 권이 있을 것이라고 믿는 것일까요? 이 방식이 우리가 지금 입시를 위해 아이에게 공부를 시키고 있는 방식은 아닌지 생각해 봐야 합니다.

학생부에서 독서 활동이 대입 평가항목에서 제외되었고 자기소개서의 시대도 막을 내렸습니다. 그런데 최근 서울대 입학처 홈페이지에 올라온 최신 합격 정보에는 흥미로운 부분이 있습니다. 서울대에 합격한 학생들의 학생부 요약본과 함께, 예전 3번 독서 문항을 포함한 자기소개서를 작성하게 한 뒤, 그것을 공개한 것입니다. 2024학년도 합격자들은 자기소개서를 작성하지도 않았고 독서에 대한 기록을 남길 필요도 없었는데, 서울대는 합격자들에게 의미 있었던 도서와 고등학교 생활 동안의 학업 경험 등을 작성하여 공유하도록 하였습니다. 아무리 생각해도 서울대는 이 내용을 통해 미래의 지원자들에게 '서울대는 독서에 대한 강력한 의지를 가지고 있다'라는 메시지를 보내고 있는 것 같습니다.

독서는 서울대가 강조했기 때문이 아니라 모든 공부를 옥토에서 하게 만들어주는 영양분입니다. 독서라는 능동적인 활동은 사고와 창의성을 담당하는 전전두엽을 활성화해서 각자의 경험과 사고에 따라 같은 내용도 다른 해석과 질문이 가능하게 만듭니다. 즉, 자신의 맥락을 반영한 탐구적 사고를 촉진하기 때문에 같은 책을 읽은 독자라고 하더라도 서로 다른 방식으로 책을 기억하고 분석할 수 있습니다. '서울대 합격자가 읽은 도서 리스트'를 모두 따라 읽는다고 해도 모두가 같은 탐구력이 생기지 않는 이유 또한, 저마다 다른 방식으로 책을 읽기 때문입니다.

　서울대를 가기 위해 서울대 합격생의 추천 도서 목록을 읽는 것이 당연한 것처럼 되어버린 오늘의 입시 전략에서 탐구력을 발견하기는 어려울 듯합니다. 서울대 합격생은 도서를 추천하지 않았어요. 자신의 인생에 영향을 미친 책 두 권을 뽑아 기술했을 뿐입니다. 그것을 해석한 것은 우리들 몫이지요. 탐구력도 이렇게 왜곡되고 있는 것은 아닌지 의문이 듭니다. 대학은 인재를 찾기 위한 변별력 있는 평가요소를 제시했으나 우리는 그것을 다른 방식으로 해석하고 있는지도 모를 일입니다.

전문가 칼럼

'슬기로운 초등생활' 이은경 선생님
: 2025년 입시의 현실과 학종의 본질

2025년도 대학 입시가 한창입니다. 수시전형 발표가 마무리되는 동시에 정시 지원 전략 설명회와 박람회가 잇따르는 시기. 수험생을 뒷바라지한 지인에게 먼저 연락해 안부를 묻는 건 불문율인지라 궁금함을 누르며 소식을 기다리는 중이죠. 올해 수능의 키워드는 '재수생'과 '의대'입니다. 2025년도 수능 수학에서 1등급을 받은 학생 중 58%가 재수생이라는 통계는, 재수생의 학업성취도가 높아졌음을 보여줍니다. 의대 진학을 목표로 수능에 재도전하는 경향이 강화되고 있음도 여실히 시사하죠. 이러한 흐름은 상위권 대학, 특히 의과대학의 경쟁을 더욱 치열하게 만들고, 고등학교 재학생들에게 상당한 부담으로 작용합니다.

저는 이러한 흐름 속에서 학종전형을 준비하는 고등학생 자녀의 부모입니다. 수능에서 재수생의 절대 강세를 고려한다면 학종은 현역 고등학생의 무기이기에 고등학교의 3년은 중간, 기말만 잘 보면 되었던 중학교의 강도를 가볍게 뛰어넘습니다. '학생부종합전형'은 말 그대로 아이의 학교생활 전반을 종합적으로 평가하는 것이기 때문인데, 삶이 곧 생활기록부라는 의미이기도 합니다. 교실뿐 아니라 학원,

집, 독서실, 도서관, 심지어 학교 운동장과 동네 농구장에서 보낸 시간까지도 결코 무관하지 않습니다. 나쁘기만 한 건 아니죠. 고등학생이 고등학생의 시간을 알차고 성실하게 채워나갈 수만 있다면, 수능 당일 하필이면 답안지를 잘못 옮겨 적는 끔찍한 악몽으로부터 벗어날 수 있으니까요.

　학종을 준비하며 크게 깨달은 점은 아이의 모든 경험이 학습과 성장의 일환으로 연결되어 왔으며 현재도 진행 중이라는 사실입니다. 수업에서 배운 지식을 바탕으로 프로젝트를 진행하고, 친구들과 협업하며 성과를 만들어내고, 독서와 봉사활동을 통해 스스로 성장하는 모습이 학생부에 고스란히 담깁니다. 단순히 성적이나 활동의 양이 중요한 것이 아니라, 그 안에 담긴 고민과 성찰이 본질인 것이죠. 김병진 이투스 교육평가 연구소 소장은 학종형 인재를 키우는 방향에 대해 '왜?'라는 질문의 중요성을 강조합니다. 학종은 학생의 학업 역량, 인성, 잠재력을 종합적으로 평가하는 제도이기에, 활동을 나열하는 것을 넘어 각 경험이 자신의 성장과 목표에 어떻게 기여했는지를 고민해야 한다는 것입니다. 이는 학생 스스로 사고하고 판단하는 능력을 길러야 하는 이유와도 직결됩니다.

　학종의 과정은 부모에게도 결코 만만찮은 도전입니다. 아이가 어떤 활동을 하고 싶어 하는지, 무엇에 관심이 있는지 끊임없이 대화하며 방향을 잡아야 하기 때문입니다. 아이가 스스로 선택하고 행동할 수 있도록 환경을 만들어주는 일이야말로 가장 중요한 부모의 역할임을 깨닫고 있습니다. 성적만 올리는 공부로는 부족하다는 점도 새삼스럽습니다. 혹여 입시가 선행 학습의 진도, 학원의 개수, 사교육에 투자한 비용만으로 결정된다면 세상의 모든 입시는 부모의 의지와 계획대로 순조롭게 마무리되어야 마땅한데 현실은 냉혹하기 짝이 없죠. 그리 싱겁게 끝나지 않습니다. 스스로 고민하고 성장하며 자신만의 이야기를 만들어가는 과정을 통해 대학에서 배울 학문과 연계하는 과정이 학종의 본질이라는 점에 주목하지 않을 수 없는 이유이기도 합니다.

2장

탐구력,
왜 그렇게 중요할까?

1
내 아이의
첫 번째 비교과 활동

아이가 입시와는 상관이 없는 것처럼 느껴졌던 머나먼 유치원 시절, 학종 관련 일을 하던 워킹맘이었던 저는 솔직히 유치원 아이는 노는 게 공부라고 생각하는 '라떼 마인드'였습니다. 유치원 엄마들이 가끔 저에게 "어려서 무엇을 하면 나중에 입시에 도움이 되나요?"고 물으시기도 했는데 유치원 아이가 고등학생이 된 모습을 상상하기가 어려워 제대로 된 조언 한 번 드리지 못했던 것 같아요.

당시 수시를 지원하려는 고등학생들을 수없이 만났는데 학교생활은 꼼꼼한 박음질을 하듯 열심히 했지만, 딱 한 방, '탐구력'이 없어서 기대한 만큼의 결과를 내기 어려웠던 사례를 많이 접했습니다. 그렇지만 그 사례를 내 아이 교육의 타산지석으로 삼을 생각은 하지 못했죠.

그러다 가끔 보게 되는 자기주도적으로 학습하고 활동한 학생의 학생부를 보며 이러한 역량의 차이는 어디에서 비롯된 것인지 궁금했습니다. 더 좋은 학군지, 더 좋은 입시 결과를 가진 고등학교에만 그런 아이들이 모여 있는 것은 아니었어요. 뜬금없이 건물 사이에 혼자 피어난 장미꽃처럼 문득 그런 실력을 갖춘 친구들이 나타나곤 했습니다. 그래서 막연히 내 아이도 더 자라면 탐구력이 있는 아이가 될 수 있을 것이라는 희망을 품어왔습니다.

아이가 초등학교 3학년이던 어느 날, 초등학교 적응을 마치고 익숙해진 학교생활에 늘어짐이 나타날 때쯤이 돼서야 내 아이의 탐구력이 성장하고 있는지 의문을 품으며 아이를 관찰하게 되었어요. 그러다 아이의 학생부가 눈에 들어왔어요. '방학식에 그냥 스쳐 지나갔던 이 학생부가 고등학생이 되면 학종에 들어가는 그 학생부라고?'

팽이를 돌려
비교과를 씁니다

다른 초등학생 엄마들도 그러실지 모르겠지만, 저는 여름방학식이나 겨울방학식에 집으로 받아서 오는 2~3장짜리의 서류(a.k.a 성적표)에 큰 관심을 가지지 않았습니다.

모든 교과목은 대체로 잘하거나 적어도 보통 이상이며, 그 안에 있는 과목별 내용조차 큰 감흥이 없어서 하얀 종이를 빽빽이 매운 그 글을 읽어봤자 우리 아이의 특성이 조금도 드러나지 않거든요. 그래서 장차 대학에 가는데 그 성적표(학생부)가 중요해진다는 말이 잘 실감 나지 않았습니다.

추억으로라도 간직해야 하나 싶은 초등학교 학생부가 중학교로 올라가면 조금 더 힘을 갖게 되고, 고등학교로 가게 되면 대학에 제출하는 유일한 내 서류가 됩니다.

초창기 학생부 위주 전형에서는 학생부에 더 많은 글들을 담아낼 수 있었어요. 수시에 진심인 일부 고등학교에서는 학생을 대학에 합격시키기 위해 학생부를 20장도 넘게 만들어 제출하기도 했고, 학생을 합격시키고 말겠다는 선생님의 열정이 담긴 다양한 형용사들을 읽다 보면 완벽한 인간에 대한 감상평이라고 느껴질 정도였습니다. 교내 수상은 물론 교외 수상도 기재되었고 교육청 단위, 구 단위, 시 단위에서 하는 모든 프로그램에 참여한 뒤 그 내용을 학생부에 한 줄 한 줄 새겨넣었습니다. 대학에서 진행하는 캠프에 참여하는 것도 자랑거리가 되었죠. 예전엔 정말 그랬습니다. 활발하고 적극적이고 눈에 띄는 아이들이 유리할 수밖에 없었던 것 같아요. 교외에서 실시하는 프로그램에 참여를 원하는 경우 학교 수업을 빼먹고 가야 하는 일도 생기니 학교장의 허가가 필요했고, 참여 허가를 얻으려면 학교 내에서 경쟁해서 그 자리를 따내야 했습니다. 내신 성적이 좋은 학생들을 먼저 보내주는 것이 공공연하게 이뤄지기도 했죠. 공정하기도, 공정하지 않기도 한 그런 일들이 많아서 상처를 받은 사람들도 많았습니다.

하지만 학생부는 이제 교내 활동을 제외한 그 어떤 외부 활동도 기재가 불가능하고, 항목의 개수가 간소화되었으며 항목 당 글자 수마저 제한되어 핵심 내용이 아닌 글은 비집고 들어갈 자리도 없는 그런 서류가 되었어요. 그러니 역설적으로는 그 좁은 공간에 들어가는 한 글자, 한 글자의 무게가 상당히 무거워지기도 하였지요. 인적사항과 출석일수를 시작으로 창의적 체험활동(이하 창체), 교과별 세부능력 및 특기사항(이하 세특), 행동특성 및 종합의견(이하 행특)이라는 항목은 내 아이의 대학 레벨을 결정하는 주요 항목들입니다.

"엄마, 오늘 창체 시간에 팽이 만들어서 팽이 시합했어"

그 창체가 이 창체 맞습니다. 구구절절이 우리 아이가 대학 가기 위해 유일하게 내는 서류인 학생부에 있는 창체는 초등학교에도 그대로 존재하고 있습니다.

아들의 쓰레기 반, 책 반이 든 책가방 속에 나무로 만들어진 작은 팽이가 하나 들어있네요. 사인펜으로 쓱쓱 색깔도 넣어서 뱅뱅 돌 때 색이 섞이는 모습을 구경 좀 했겠군 싶었습니다.

예를 들어, 저희 아이처럼 학급 전체가 창체 시간에 팽이를 만들어 팽이 대회를 했다고 해볼까요, 이것을 활용하여 창체 항목에 멋들어진 기재를 하고 싶다면 내 아이는 궁금증을 가져야 합니다. 모두가 똑같이 하는 그 쉽고 뻔한 활동에 절대 무관심해지면 안 되고 비록 내가 우리 반에서 팽이를 제일 잘 돌릴지라도 더 빨리 팽이를 돌리고 싶다는 마음 같은 것이 생겨야 해요.

'팽이를 더 빨리 돌게 할 수는 없을까?'

그래서 아이는 처음에 일단 더 세게 돌려봅니다. 두 번째 손가락으로도 해보고 세 번째 손가락을 써서도 해 봅니다. 하지만 대충 느꼈을 때 손가락의 문제가 아닌 것 같다는 생각이 들어요. 손가락 힘이 엄청 세서 딱밤을 잘 놓는 친구도 팽이만은 잘 못 돌리고 있거든요.

그렇다면 이번에는 머리를 써서 팽이의 중심부 축이 팽이를 더 빨리 돌게 하는 부분이라는 가설을 가지고 팽이의 축을 다양하게 바꿔봅니다. 무겁게, 두껍게, 얇게, 소재를 바꿔가며 팽이를 돌려 어떤 팽이가 가장 빨리, 오래 도는지를 혼자서 가만히 실험해 보는 거죠.

그래서 결론적으로 팽이 대회에서 1등을 하기 위해 적합한 팽이의 축을 찾아 좋은 성적을 거두었습니다. 하지만 여기서 멈추지 않고, 팽이가 잘 돌기 위해서는 '팽이의 축보다 팽이가 어떤 소재로 만들어졌는지가 더 중요하지 않을까?'를 생각하고 후속 연구를 진행합니다. 팽이와 관련된 모든 수업이 끝나고 친구들의 열기는 시들어 갔지만 우리 아이의 마음속 팽이를 향한 열정만은 사그라지지 않는 거예요. 그리고 마침내 학교 수업이 다 끝나고 팽이 돌리기를 좋아하는 친구 하나와 더불어 운동장에서 팽이를 만들어보기 시작합니다. 바로 이런 서사가 탐구력이 있는 아이의 학생부 활동이 됩니다.

대부분의 부모는 가방에서 팽이를 정리하고 끝냈겠지만 학교생활로부터 무언가를 끌어내 아이의 머릿속에 호기심을 자극해 주고 싶은 부모라면 한 발 더 나아가야 합니다. 작은 활동 하나를 '기회'로 바라보게 만드는 것은 오직 부모만이 할 수 있는 일입니다.

팽이를 통해 만난 탐구는 처음부터 거창한 과학적 원리를 탐구하려는 것이 아니었습니다. 그렇기 때문에 초등학교 시기에 부모의 역할은 학구적인 가르침을 주는 것이 아니라 탐구의 '시작'을 격려해 주는 것입니다. "팽이가 어떻게 해야 잘 도는 것 같아?", "바닥면을 미끄럽게 해보면 더 잘 돌까?" 이러한 질문들을 통해 아이의 흥미를 끌어내 준다면, 스스로는 첫 단추를 끼우지 못하더라도 추후 아이의 탐구 활동을 자연스레 유도할 수 있습니다. 부모의 질문 하나가 아이에게 새로운 탐구 기회를 주는 셈입니다.

앞으로 만나실 입시설명회에서 학생부의 비교과 활동, 자기주도적 주제 탐구라는 키워드가 나온다면 앞서 말한 팽이에 대한 일련의 과정을 떠올리시면 됩니다. 여기서 주제의 수준이 높아지고, 가설을 세우기 위해 다양한 자료 수집과 이론들을 탐색하는 것이 필요해지며, 서론을 바탕으로 본론인 실험을 설계하여 진행하는 것이 고등학교 학생부에 기재될 만한 비교과 활동입니다.

인문사회 계열의 경우에는 실험이 아니라 보고서의 형태로 비교과 활동이 진행되는 경우가 많습니다. 설문조사나 교내에서 학생들을 대상으로 실험을 할 수도 있겠고, 관심 있는 분야의 멘토나 전문가의 강연을 들은 뒤 키워드를 잡고 추가적으로 지식을 확장해 나가는 과정을 비교과 활동으로 진행하기도 합니다. 경제 관련 이론을 교과에서 배운 뒤 그 이론을 바탕으로 학교 근처 김밥 가게에서의 김밥 판매량과 인건비의 관계를 분석해 보며 경제 이론이 말하고자 하는 것들을 실제로 체득하는 기회를 마련해 보는 것도 좋은 예시가 되겠네요.

탐구력이 있는 비교과 활동을 할 것인가? 탐구력이 없는 비교과 활동을 할 것인가?

이 질문에 대한 대답은 이제 명확해진 것 같습니다. 그런데 사실은 근본적인 문제가 하나 있습니다. 바로 대부분의 학생들이 수동적인 비교과 활동만 한다는 것이죠. 과제가 주어져도 관련하여 책을 한 장 찾아보지도 않고 교과 수업을 듣고 해야 하는 수행평가는 '대충'합니다. 진심으로 김밥집을 찾아가 배운 것을 적용해 볼 생각을 하지 않죠.

1쪽 내외의 보고서를 제출하면 선생님도 보시고 초등학교 학생부의 내용처럼 모두에게 똑같은 내용을 기재해 주십니다. 대충 쓴 보고서의 내용이 특별할 게 없으니 말이죠. 학생들은 없는 시간을 쪼개어 주어진 주제를 검색해서 나오는 가장 만만한 자료를 가져와 짜깁기 합니다. 유튜브에 검색을 해서 독특해 보이는 영상의 내용을 받아 적어 나만의 보고서처럼 만들기도 합니다. 안타까운 것은 이렇게 되면 도미노처럼 학생부의 비교과 활동이 조금씩 무너져 내리게 된다는 점입니다. 시간을 쓰지 않은 것도 아니고 숙제를 하지 않은 것도 아닌데 볼거리가 없는 학생부라는 결론에 도달하게 됩니다. 상위권 대학에서 펼쳐지는 진정한 학종 경쟁에는 껴볼 수도 없죠.

그렇기에 역설적으로 상위권 대학은 탐구력 있는 학생을 포기할 수 없습니다. 탐구력은 근성과 노력과 학문의 깊이가 담겨 있는 역량이기 때문입니다. 비교과 활동이 의미를 가지려면 탐구력이 한 스푼 들어가야 한다는 것을 알았으니, 이제는 고등학교 학생부에서의 탐구력을 살펴보도록 하겠습니다.

'세특'이 중요하다는
말을 들어봤다면

학종에 대해 큰 관심이 없는 학부모님들도 '세특이 중요하다'는 말은 한 번쯤 들어보셨을 거예요. 학생부 항목에서 교과별 세부능력 및 특기사항이라는 항목이 존재한다는 사실도 관련 콘텐츠 몇 개만 보면 쉽게 알 수 있는 내용입니다. 그렇다면 세특이 '세부능력 및 특기사항'의 줄임말이라는 것은 알겠는데, 그래서 어떻게 무엇을 하라는 걸까요?

2028학년도부터 시작되는 대입 수능의 변화로 인해 문·이과 차이가 없는 공통과목의 수능이 실시되고, 이에 따라 수능의 변별력은 낮아질 것이라고 말합니다. 내신 5등급제 또한 내신 경쟁을 완화시키기는 하지만 9등급제가 5등급제로 바뀐다는 것은 그만큼 숫자로 변별할 수 있는 영역이 감소했음을 말해줍니다.

내신 5등급제와 더불어 서울대 정시에 본격 '교과역량평가'라는 평가요소가 더해집니다. 정시에서 수능 이외에 대학별 고사를 전면적으로 치를 수 없는 대학 입장에서는 학생 개개인의 차별점을 찾고자 할 텐데 이때 학생부의 과목 선택과 세특 활동이 주목을 받게 됩니다. 서울대가 내놓은 수능의 기준을 잘 채운 학생 중에서도 다시 한번 선발의 기준이 필요하기 때문에 비교과의 영역, 정성평가의 영역이 주목

받게 되는 것입니다.

　많은 부모가 아이의 중학교 첫 번째 지필고사를 본 뒤 교과목 성적을 보면 살짝 충격을 받습니다. 그래도 '앞으로 더 잘할 거니까' 하는 마음으로 3년을 적당히 공부하게 놔둡니다. 그리고는 고등학교에 가서 첫 번째 중간고사를 보면 중학교 성적에 비해 내신이 터무니없이 낮게 나와 어쩔 수 없이 내신을 포기하고 수능에 집중하겠다고 합니다.

　이때부터 부족한 교과목 성적을 올려줄 학원을 본격적으로 찾아 나서게 됩니다. 그런데 때마다 우리 아이의 부족한 점을 채우는 학원을 찾아가는 것이 궁극적인 해결책이 될까요? 교과목의 성적을 보고 그 문제를 해결하기 위해 어떤 액션이든 취하는 것은 올바른 방식이라고 생각하지만, 아이의 성적을 학원이 모두 보장해 줄 수 없는 것이 현실입니다. 오히려 궁극적으로 필요한 것은 자신이 하고 있는 공부에 대한 목표이며, 목표를 이루기 위해 내가 해야 한다고 생각하는 영역 및 활동이 구체화되어야 끝까지 포기하지 않고 입시를 치러낼 수 있습니다.

　교과목마다 작성되는 세특 내용은 무엇보다도 전공기초 과목들에서 학생의 활동을 보여주는 곳입니다. 교과 수업 중 학생이 보인 태도나 탐구, 사고력 등이 드러날 수 있는 곳도 바로 세특 입니다. 내신만으로는 볼 수 없는 학생 개인의 특성도 이곳을 통해 볼 수 있습니다. 똑같은 수학 성적을 받았다고 해도 누가 어떤 활동을 했고 그 과목에 어떤 관심과 태도를 보였는지는 세특을 통해야만 알 수가 있기 때문입니다. 그래서 세특에는 학습의 과정이 잘 기록되어야 하는 것이고 이 '과정 중심 기록'은 '과정 중심 평가'를 하는 학종과 직결되게 됩니다.

사실 세특은 때때로 실낱같은 희망이 되어 주기도 합니다. 희망 전공의 기초가 되는 과목이 사회과 과목인 학생이 있다고 가정해 봅시다. 이 학생이 2학년 2학기 내신에서 실수를 많이 해 사회과 과목에서 좋은 등급을 받지 못하는 일이 발생했습니다. 정량적으로 평가되는 부분은 이제 더 이상 바꿀 수 있는 것이 없습니다. 하지만 사회과 과목의 세특을 통해 어떤 태도로 그 과목을 공부했는지는 보여줄 수 있습니다. 그 과목과 관련된 학생의 탐구력과 문제해결력을 보여 줄 수 있는 활동이 잘 기재된다면 세특을 통해 낮은 내신 등급을 보완할 수 있는 기회를 노려볼 수도 있습니다.

세특이 내신을 보완하는 역할을 한다는 것이 물론 쉬운 일은 아닙니다. 그렇기 때문에 좋은 세특은 교과목에 대한 심화 학습과 연관이 되어야 합니다. 새로 배운 개념 A에 대하여 이해가 되지 않는다면 학생 스스로 복습의 과정에서 추가 정보나 사례를 찾고 적극적으로 이해하고자 해야 합니다. 관련 분야의 책을 읽어볼 수도 있고, 지역사회에서 설문조사를 하며 궁금한 것들을 해결하려는 노력을 할 수도 있습니다. 그러다 만난 질문이 있다면 학교 선생님께 여쭤보든, 학원 선생님께 여쭤보든 질문을 해결해 나가고자 하는 주도성이 발휘되어야 합니다. 그래서 마침내 질문에 대한 답을 찾았을 때 그 개념에 대한 깊은 이해를 마쳤다고 할 수 있을 것입니다. 이와 같은 좋은 공부의 경험이 세특에 남겨져야만 내신을 보완할 수준의 세특이라 할 수 있습니다.

문제집을 많이 푸는 사람이 좋은 대학에 가는 방식이라면 아이의 공부가 그렇게 복잡하지 않을 것입니다. 우리가 때론 '수학은 한 문제를 붙잡고 며칠을 보내서 답을 찾는 방식의 이해가 필요하다'고 이야기하는 것도, 눈에 보이지는 않지만 새로운 개념이나 유형을 머리로 이해하는 데 필요한 과정이 존재한다는 것에 동의하기 때문입니다. 분명 '학습'과 '노력' 간에 단순하지 않은 중간 연결고리가 있는 것 같은데 그 과정을 콕 집어 뭐라 부르기 어렵다고 생각하신다면 저는 그것을 탐구력이라고 부르고 싶습니다.

세특이 중요하다고 모두 말합니다. 이 말은 세특이 중요하니까 까먹지 말라는 이야기가 아닙니다. 세특 활동을 어떻게 채워나갈 것인지 좀 더 신경 써서 고민해야 한다는 이야기입니다. 그러므로 부모는 고민을 털어놓을 수 있는 좋은 '대화 상대'가 돼주어야 합니다. 탐구의 주제를 잡아주라는 것이 아닙니다. 아이와 대화하며 해결되지 않은 질문이 보인다면 그것을 꺼내어 표현할 수 있도록 해주고 어느 과목에서 많은 질문을 던지는지, 어떤 과목에서는 질문조차 나오기 어려운지를 체크해 주어야 합니다. 세특을 위해 방대한 자료와 씨름하고 있을 때 자료의 내용과 교과에서 배운 내용의 연결 지점을 발견해 주며 아이가 세상과 연결된 공부를 하고 있다는 것을 각인시켜 주는 역할도 부모만이 가능합니다.

학부모의 역할은 이제 '몇 점 맞았니?'에서 멈추지 않아야 합니다. 아이가 무엇이 궁금했는지, 어떤 주제에 시간을 들였는지, 수업에서 무슨 활동을 했는지를 함께 돌아보고 아이의 진로 희망에 맞는 공부의 방향을 잡을 수 있도록 도와줘야 합니다.

'세특 활동을 열심히 하되 깊이도 있어야 한다'는 것이, 세특이 중요하다는 말의 진짜 의미입니다. 단순히 기록의 중요성이 아니라 아이의 배움 방식이 평가받는 시대가 왔다는 이야기입니다. 지금부터라도 교과 수업에서 어떤 태도로 임하고, 어떤 질문을 가지고, 어떻게 활동할지를 아이와 함께 고민하는 것이 가장 중요합니다. 그것이 곧 입시의 본질에 한 발 더 가까이 다가가는 길입니다.

탐구력에
연연할 수밖에 없는 이유

정시로 대학을 잘 보내기로 유명한 M고등학교와 K여고의 전교 1등은 학원을 한 군데도 다니지 않는다고 합니다. 그럼에도 내신이 치열하기로 유명한 두 학교에서 엎치락뒤치락 한 번 없이 부동의 전교 1등을 지킨다고 해요.

의대를 보내기로 유명한 T고등학교에 다니는 한 학생은 지금껏 공부만 열심히 하다가 고등학교 3학년이 되면서 운동을 해보고 싶다고 합니다. 진심으로 운동이 좋아서 운동선수까지 생각하며 한번 열심히 해보고 싶다고요. 그 어머니는 고민이 이만저만이 아니지만 혹시나 아이의 마음이 닫힐까 쓴소리 한 번을 못 뱉고 있어요.

중학교 때까지는 전교 1등만 해서 자사고에 보냈더니 학교에 다니고 싶지 않다고 걸핏하면 자퇴를 들먹이며, 하루는 학교를 가고 하루는 안 가고를 반복하는 아들을 보는 어머니는 우울증 약을 먹고 있습니다. 최근에 저희 집 근처 중학교 2학년 학생은 영재고에 진학했다고 하더군요. 제가 일상에서 마주하는 교육은 전설에나 나올 법한 인물들로 어느새 가득 차 있습니다. 성인이 되기도 전에 위인전이 한 권씩 나올 것 같은 스토리를 만들어내는 비범한 아이들에 둘러싸여 오늘도 저는 어디로 가야 할지 고민합니다.

아이를 키우니 교육과 관련된 고민이 머릿속을 가득 채우는 것 같습니다. 오늘도 엄마들을 만나 커피를 마시며 이야기를 나누는데 대체 고등학교는 어디로 가야 하는 것인지, 아이에게 맞는 교육이 어떤 것인지 여전히 제자리걸음처럼 느껴집니다. 잘하던 애도 못하고 못하던 애는 계속 정신 안 차려서 못한다는 선배 엄마들의 이야기를 때로는 남의 이야기처럼 듣다가, 어느 날 아이가 학교에서 보는 그렇게 어렵지도 않은 단원평가에서 어처구니없는 점수를 받아오기라도 하면 그 얘기가 바로 내 얘기였던가 싶습니다. 엄마의 불안은 아이에게, 남편에게 잔소리로 전달되며 가족 모두에게 영향을 미칩니다.

교육에 대한 전설이 새롭게 들려올 때마다 저는 팩트에 집중하려고 노력합니다. 아이의 모습이 서로 다르듯 공부를 해내는 방식도 서로 다를 것이라고 믿고 '누군가의 전설이 내 것이 될 수도 있다'라는 로또 복권 같은 생각은 최대한 마음속에서 밀어냅니다. 너무 안도하는 것도, 좌절하는 것도 현실적으로 도움이 되지는 않으니까요.

수학 선행의 로드맵은 영어 못지않게 촘촘하고 깁니다. 이유 있는 속도전을 하고 있는 아이들도 있고 이유도 모르고 달리는 아이들도 있지만, 선행뿐만 아니라 제대로 된 '심화' 과정을 경험해 보는 것이 수학에서 중요하다는 점에는 부모들이 공감합니다. 선행과 심화 두 마리 토끼를 잡고 가는 전설들만 눈에 띄기는 하지만, 우리가 주목하지 않는 곳에서 묵묵히 자신의 속도로 준비하고 있는 선수들도 있습니다.

심화 문제, 사고력 문제를 아이들에게 노출시키는 이유는 아이들이 자신이 배운 개념을 가지고 머리를 싸매며 생각해서 문제를 푸는 과정을 경험해야 하기 때문입니다. 그 과정이 있어야만 '이해했다'라고 정의할 수 있습니다. 피자 한 판을 앞에 두고 그것을 나눠 먹으며 분수를 설명할 수 있는 어른은 많지만, 분수를 이제 막 배운 아이는 피자와 분수가 무슨 연관이 있는지 알기 어렵습니다. 배운 것이 자신의 것이 되는데 일정 시간이 필요하다는 것을 인정하지 않으면 속도전에는 참가할 수 있지만 심화전에는 참가할 수 없습니다.

상위권 대학들은 심화전에 참가해 본 학생들이 생각의 힘이 있고, 앞으로 대학 안에서 공부해야 할 학문을 잘 소화할 수 있을 것이라고 생각합니다. 비단 수학뿐만 아니라 대학의 전공들은 각 분야를 학문적으로 접근하고 탐구하는 과정을 제공하고 있는데, 입학하는 학생들에게 그 과정을 소화해 낼 심화 학습 역량이 없다면 대학의 인재에 대한 투자는 큰 수익을 얻지 못할 것입니다.

전설들은 전설의 길을 가면 됩니다. 그렇다면 우리는 어떤 길을 가야 할까요? 최상위 의대 로드맵에서 어디까지 버틸 수 있는지 도전해 보는 것이 누군가에게는 도움이 되겠지만 그 로드맵은 단 1%만이 원하는 결과를 갖게 됩니다. 하지만 그 시간에 자기만의 저력을 키우는 방법을 찾는다면 1%가 아닌, 우리 모두가 원하는 결과를 가질 수 있습니다.

그래서 저는 탐구력에 연연합니다. 앞으로 대학은 정답을 잘 찾는 학생을 뽑겠다고 하지 않습니다. 더 많은 것을 암기한 학생도 아닙니다. 세상과 공부가 분리되어 있는 학생이 아니라 세상에 대한 관심을 학문으로 풀어낼 수 있는 학생을 찾을 것입니다. 질문을 할 수 있고 그것을 해결하기 위한 문제해결력과 비판적 사고를 발휘할 수 있는 학생을 선발하고자 할 것입니다. 그렇다면 수능, 내신점수만으로는 그 역량을 보여줄 수가 없습니다. 이것은 면접이나 면접 앞 단에 우리가 내는 유일한 서류, 학생부의 기록을 통해서만 보여질 수 있습니다.

저의 전략은 간단합니다. 학교생활 속에서 접목될 수 있는 탐구력을 만들기 위해 학교 밖인 가정에서부터 시작해 보는 것입니다. 아이의 질문에 바로 정답을 주기보다는 "너는 어떻게 생각해?"라는 질문으로 사고의 시간을 주고 기다리는 것이 필요합니다. 질문과 함께 생각이 자란 아이만이 수업 시간을 통해, 수행평가에서, 동아리 활동, 각종 진로 관련 활동을 할 때 흘러가는 시간에 가만히 몸을 맡기는 것이 아니라 능동적인 학습자가 될 수 있습니다. 우리는 이제 아이의 성적을 관리하는 것이 아니라, 아이의 '사고하는 힘'을 함께 키우는 시대로 들어섰습니다. 그 변화의 중심에 바로 탐구력이 있습니다.

② 수행평가와 탐구력

초등학생
: 탐구력, 누구나 기를 수 있는 이유

연장자에 대한 '질문'이나 '의문'을 무례한 것으로 여기는 유교사상이 깊게 자리 잡고 있는 대한민국에서 교육은 질서와 위계를 지키고 도덕적 인간을 만드는 데 더욱 가치를 두어왔습니다. 물론 오늘날 사회는 빠른 속도로 변하고 있어 STEAM(융합인재교육), 프로젝트 기반 학습을 학교에서 활용하고 있으며 질문과 과정의 가치를 알아주는 세상으로 변화하는 중입니다.

하지만 여전히 '탐구력'이라는 개념은 아이를 키우면서 쉽사리 접하는 단어는 아닙니다. 사고력 수학학원에 대한 이야기를 귀에 못이 박히게 들은 것에 비하면 마치 세상에 '탐구'라는 단어가 존재하지 않는 것처럼 모르고 지내게 되는 현실입니다. 그런데 자세히 들여다보면 우리의 관심사가 그곳에 없었을 뿐이지 아이들은 초등학교 교육과정에서부터 차근차근 '탐구'라는 개념에 노출되고 있습니다.

초등학교 과학 교육에서는 '통합 과학 탐구 기능'이라는 범주 아래 문제 인식, 가설 설정, 변인 통제, 자료 변환, 자료 해석, 결론 도출, 일반화라는 탐구 기능을 수업에 활용하고 있습니다. 개념 하나하나를 따로 떼어서 배운다기보다는 자연스럽게 수업 시간에 계속해서 탐구 상황에 노출될 수 있도록 하는 것이지요. 초등학교 저학년 때는 활용하기 어렵지만 중학년부터는 교사의 도움을 통해 아이들이 흥미를 느끼는 현상을 직접 탐구 문제로 인식하도록 하는 기회를 제공받게 됩니다.

예를 들어 '그림자'와 관련된 궁금한 점을 브레인스토밍을 통해 나열하고 이것을 질문 형태로 진술해 보며 실험 활동을 함께 합니다. 물론 교사의 주도로 주제와 탐구 방법이 정해지고 따라가는 형태이지만 탐구 활동의 말미에 교사는 아이에게 '더 탐구해 보고 싶은 내용을 질문 형태로 진술'해 보도록 합니다. 즉, 아이가 그림자에 대한 궁금증과 질문을 직접 만들어내는 것은 어렵기 때문에 하나의 실험 활동이 끝났을 때 그로부터 질문을 만들어내는 것이 초등학교 수준에서의 탐구인 것이지요. 이렇게 추가 질문의 형태로 진술할 때도 학생들이 설정한 탐구 문제나 질문이 완전하지 못하기 때문에 탐구가 가능한 질문으로 바꾸거나 변형하는 것을 교사가 도와주게 됩니다. 탐구 활동을 익히는 과정에서는 통합 과학 탐구 기능의 복잡한 단계를 모두 소화해 내야 탐구를 경험한 것이 아니라 질문 형태의 의문을 가지는 것만으로도 의미가 있습니다.

 탐구 활동이 일반적인 자료 조사 활동과 구별되는 가장 큰 차이점은 '가설 설정'이라는 과정입니다. 그래서 초등학교 수준의 탐구 과정에서도 '가설 설정'이라는 부분을 익히게 되는데 이때 말하는 가설을 너무 어렵게 생각하지 않는 것이 중요합니다. 그저 원인을 타당하게 설명하는 잠정적인 답이면 되지요. 예를 들어 '물의 온도가 높을수록 설탕이 많이 녹을 것이다'라는 잠정적인 답을 예상하거나 추리하는 정도가 초등학교 수준의 가설 설정이 됩니다. 이때의 가설은 예상과 추리로 만족할 수 있습니다.

 초등학교에서의 탐구는 자기주도적이지도 않고, 탐구를 통해 배우는 지식 또한 원리적인 수준에 불과합니다. 그러나 가벼운 개념을 통해 관찰하거나 예상해 보는 활동을 하면서 주변 현상에 대해 골똘히 생각할 수 있는 시간을 갖는 것만으로도 탐구로서의 의의가 있습니다. 이 과정을 통해 지적 호기심이 부족한 아이라고 할지라도 주제가 주어졌을 때 그것을 해결하거나 분석하기 위해 어떤 접근을 해야 할지 배우게 됩니다.

과학 교과에서 질문이나 가설과 관련된 탐구의 기회를 갖는다면 사회 교과에서는 배운 것을 일상에 적용해 보는 것으로 탐구력을 키울 수 있습니다. 지식이 삶과 분리되는 것이 아니라 삶과 하나될 수 있도록 활용하는 역량을 기르는 것도 탐구에서 중요한 부분이기 때문입니다. 예를 들어 민주주의에 대해 배운다면 대표적인 역사적 사건을 중심으로 시작하여 민주주의가 내가 속한 지역에서 어떻게 나타나고 있는지 들여다보게 합니다. 민주적 의사결정 원리를 배우고, 그것에 따라 문제를 해결해 보는 실습을 하거나 모의선거를 해봄으로써 민주주의의 장점과 단점에 대해 생각해 보는 기회를 가질 수도 있습니다. 단편적 지식으로서의 개념이 아니라 유기적인 연관이 있는 하나의 시스템으로서의 민주주의를 배움으로써 아이가 제도를 분별력 있게 받아들일 수 있도록 다양한 접근 방법을 제공하는 것입니다. 이런 일련의 흐름이 사회과학적 지식을 '탐구'하는 방법이라 할 수 있습니다.

초등학교의 교육과정에서는 탐구의 첫 단추를 끼는 것에 집중했다면 중학교에서는 새로운 요구가 발생합니다. 첫 번째로 교사 의존도를 감소시킨 탐구 설계입니다. 지금까지는 교사가 탐구의 주도성을 가지고 있고 아이들은 중간중간 빈칸을 채우는 방식으로 탐구를 경험했다면 중학교에서는 아이 스스로 주도성을 가지도록 해야 합니다. 그 방법으로는 수업을 통해 개념과 지식을 습득하고, 이후 새롭게 알게 된 개념을 포함하여 탐구를 설계하도록 함으로써 지식 습득과 탐구의 과정을 하나의 덩어리로 만드는 것입니다. 예를 들어 '눈의 결정체 모양은 어떠한가?'라는 개념 습득을 시작으로 눈의 결정체 모양의 다양성을 알아보고 프랙탈이라는 자기닮음 구조에 대해 생각해 보는 것으로 탐구를 설계할 수 있습니다. 눈 이외에도 프랙탈 구조를 가진 것에 무엇이 있는지 알아보면서 눈으로부터 시작해 새로운 지적 호기심에 도달하는 과정을 경험하는 것이 이 시기의 탐구 활동에 기대되는 결과물이 됩니다.

두 번째로는 탐구를 통해 근거를 확보하고, 그 근거를 바탕으로 한 자신의 의견을 제시할 수 있어야 합니다. 중학생 수준에서 세상에 없었던 의견을 제시할 수는 없더라도, 최소한 탐구의 가설과 그것을 증명해 결론에 도달할 수 있는 탐구 활동이 필요합니다. 또 초등학교 과정에서는 강조하지 않았던 '자료의 수집과 분석'이 중학교에서는 평가 대상이 됩니다. 타당한 근거를 제시하기 위한 신뢰도 있는 자료 수집과 그것을 분석하여 얻는 결론까지가 탐구의 수준을 결정하게 됩니다.

아이들은 학교생활을 통해 탐구에 필요한 기능을 부분적으로 연습합니다. 추가 질문하기, 가설 설정하기, 일상 적용하기, 탐구 설계하기 등의 앞에서 말씀드린 탐구에 필요한 역량은 주입식 수업에서보다는 토론이나 모둠을 형성해서 진행되는 참여형 수업, 수행평가와 같은 과제의 형태로 더욱 발전할 수 있습니다. 수행평가는 안 그래도 할 게 많은 아이의 공부를 더욱 힘겹게 하려고 하는 것이 아니라, 지평을 넓힐 수 있는 공부 방법을 알려준다는 면에서 그 의미를 갖습니다.

물론 탐구력을 키울 수 있는 방법은 정말 다양할 것입니다. 어려서부터 '왜?'라는 질문을 달고 사는 친구도 있고, 영재원을 다니며 탐구를 설계하고 실행해 본 친구들도 있고, 책을 많이 읽다 보니 지식 습득에 있어서 한 차원 생각이 다른 친구도 있습니다. 그런데 이러한 방법들은 누군가에는 가능하지만, 누군가에게는 가능하지 않은 방법이라는 아쉬움이 있습니다. 반면 학교에서 마주하게 될 수행평가는 중·고등학교에 진학하는 학생이라면 모두에게 똑같이 주어지는 시간과 기회입니다. 사소한 수행평가 하나를 그냥 흘려보내기보다는 좋은 초석이 될 수 있도록 심혈을 기울이려는 태도를 가지는 것이 필요합니다. 이를 잘 활용하여 아이가 자신의 탐구 기능을 성장시킬 수 있다면 모두에게 공평하게 주어진 시간을 가장 효율적으로 사용할 수 있습니다.

중학생
: 학종은 수행평가에서 시작된다

초등학교 고학년에 접어들면서 학원의 광고 문자의 내용이 변화하고 있습니다. 이전에는 레벨 테스트 일정과 학년별 진도, 선행 일정 등이 중심이었다면 이제는 그동안에는 보지 못했던 종류의 수업들이 열립니다. 탐구보고서 수업, 오답유형 관리 수업, 실험/개념/탐구 4회 특강, 필수실험보고서 특강과 같은 수업입니다.

초등학교 고학년에 이런 수업들이 나타나는 이유는 성큼 다가온 중학교에서 수행평가에 대한 걱정과, 중학교 3학년 학기 초부터 결정해야 할 고입에 대한 대비가 필요하다고 느끼는 시점이기 때문입니다.

중학생 자녀를 둔 학부모님들과 이야기를 나눠보면 수행평가에 치여 고생하는 아이 때문에 수행평가를 원망하는 학부모님들이 정말 많습니다. 수행평가 자체가 엄청 까다롭다는 의미는 아닙니다. 중간고사와 기말고사 준비도 바쁘고, 학원까지 다니는 와중에 수행평가까지 잘 준비하기에는 시간이 모자란다는 것이지요. 그래서 수행평가 주제가 주어지고 미리 준비할 시간이 생기면 진득하니 책을 읽고 자료를 조사하기보다는 검색과 AI를 활용하여 잘 정리한 뒤, 그것을 암기하는 것이 수행평가 준비가 됩니다. 또 한 번의 암기 시험을 보는 것과 같아지는 것이죠.

그런데 사실 수행평가의 진짜 역할은 주입식 수업에서 벗어난 학습경험을 시켜주는 것입니다. 교과서를 읽고 문제를 푸는 평가가 아니라 자신의 생각을 담아 분석하는 것을 배우고, 습득한 개념을 실생활에 어떻게 적용해야 할지 고민하며 주변의 평범한 것들을 새롭게 보는 사고의 전환을 경험할 수 있는 기회를 제공합니다. 완전한 자기주도학습이라 할 수는 없지만, 반(1/2)자기주도학습의 모델이 될 수 있습니다. 수행평가를 하며 경험하는 '계획 세우기-자료 정리-결과물 도출'이라는 최소 3단계의 과정은 바람직한 학습 방식에 대한 이해도를 높여줍니다. 이 과정이 꾸준히 발전하고 정교해지면 훗날 학종에서 필요로 하는 역량이 되는 것이죠.

수행평가의 마지막 단계인 피드백 단계는 성찰과 탐구력 강화를 일으킬 수 있습니다. 수행평가를 통해 만들어진 결과물은 때로 발표의 형태로 이어집니다. 교실 전체를 대상으로 한 발표가 아니더라도, 모둠 내에서 학급 친구와 결과물을 공유하거나 그것에 대한 교사의 피드백을 받는 마지막 단계를 꼭 거치게 됩니다. 피드백을 받는다는 것은 내가 한 것에 대한 인정을 받는 것이기도 하지만 보완해야 할 점을 듣는 시간이기도 합니다. 그런데 모든 탐구력은 바로 이 '보완점'을 알고 실제로 그것을 보완하기 위한 후속 활동으로 연결될 때 빛을 발하게 됩니다. 스스로는 알지 못했던 부족한 점이나 추가하면 좋을 의견들을 듣고 반영하다 보면 나의 과제가 한 단계 발전된다는 것을 느끼게 됩니다. 정답과 오답을 가르는 피드백이 아니라 주어진 주제에 대해 더 나은 방향을 함께 고민하게 되는 것이 좋은 학습의 경험이 되며 탐구력의 시작점이 됩니다. 탐구력은 거창한 활동에서만 길러지는 것이 아닙니다. 수행평가는 수업에서 배운 내용을 바탕으로 이루어지기 때문에 진입장벽이 낮고, 조금만 시간을 들여 준비하더라도 의미 있는 결과물을 만들어낼 수 있도록 설계되어 있습니다. 이런 활동들을 가볍게 지나쳐버리기엔 아깝습니다.

학종이 수행평가로부터 시작되는 이유는 하나 더 있습니다. 수행평가는 평가 기준에 맞는 과제물을 산출하는 것에 그 목적이 있습니다. 정답은 없지만 과제에 부여된 조건들을 모두 채웠을 때 좋은 성적을 받을 수 있기 때문에, 과제를 수행할 때 평가 기준을 계속 체크하면서 완성시켜야 합니다. 어떻게 보면 창의력이나 자율성 측면에서 부정적이라고 생각하실 수도 있지만 보고서가 갖추어야 할 가장 기본적인 형식을 채울 수 없다면 그 활동은 학문적으로 발전하기가 어렵습니다. 오히려 중학교에서 하는 수행평가의 형식을 따름으로써 과제물의 수준을 높일 수 있죠. 그리고 평가 기준에 부합하는 결과물을 만들었을 때 좋은 결과를 받는다는 것을 경험적으로 느껴야 평가 기준의 중요성 또한 인식하게 됩니다.

평가 기준의 중요성이 바로 학종과 연결됩니다. 학종은 학생부를 평가하기 위한 평가 기준을 세부적으로 가지고 있습니다. 대학의 기대치가 학종의 평가 기준으로 드러나는 것인데요. 많은 아이들이 이 기준과 무관하게 '열심히만' 학생부를 채워갑니다. 평가 기준의 중요성을 인식하지 못했기 때문입니다. 결국 학종은 '열심히'가 아니라 '기준에 맞게' 잘하는 것을 평가하는 전형이라는 것을 알아야 합니다.

고등학생
: 수행평가가 탐구 활동이 되어야 할 시간

수행평가의 중요성을 앎으로써 이제 학종을 준비하는데 필요로 하는 기초체력은 갖춘 것 같습니다. 자기주도학습을 위해 필요한 단계를 익혔고 평가 기준에 맞게 결과물을 만드는 방식을 배웠습니다. 이렇게 수행평가만 열심히 해도 학종으로 좋은 결과를 얻을 수 있다면 좋을 텐데 고등학교에서는 한 단계 업그레이드를 요구합니다.

고등학교 기간 학생이 한 학습과 관련된 활동을 통해 신입생을 선발하는 것이 학종입니다. 수행평가를 잘하는 정도가 아니라 그 이상을 기대하는 것이 당연합니다.

고등학교에 올라가면 아이들은 많이 성장합니다. 대학에 가려고 마음을 먹은 아이들은 수행평가 활동과 데드라인 정도는 잘 맞춰서 냅니다. 야무진 친구들은 초등학교 때부터도 잘하는 것이니까요. 학교에서 주어진 과제와 수행평가를 최선을 다해 하는 것만으로도 학생부는 어느 정도 채워집니다. 상위권 대학에 제출되는 학생부만 모아서 본다고 생각해 보면 우리 학교의 상위 10% 내외 수준의 학생부만 모이겠지요? 아무 학생부를 꺼내서 봐도 수행평가에 충실하지 않고 주어진 과제를 열심히 하지 않은 학생은 없을 것입니다.

그렇다면 학종 준비와 수행평가의 차이점은 어디에 있을까요? 수행평가는 교과목 담당 교사의 계획대로 이루어집니다. 담당 교사가 제시한 주제 안에서 학생의 기량을 보여주면 됩니다. 하지만 학종은 다릅니다. 학종은 평가 기준만을 제시합니다. 학업역량, 진로역량, 공동체역량이 잘 채워진 학생을 선발하겠다고 말하고 어떤 가이드라인도 주지 않습니다. 학종이 원하는 비교과 활동은 '수행평가는 수행평가인데 주제도 방식도 모두 스스로 만들어내는' 것입니다. 그것을 '개방적 탐구'라는 개념으로 이해할 수 있습니다. 개방적 탐구는 문제도 내가 만들고 답도 내가 찾는 활동을 뜻합니다. 이것이 탐구력의 핵심이기도 하죠. 단순히 주어진 과제만 잘하는 학생이 아니라 학교생활에서 배운 것들을 바탕으로 자신이 원하는 공부 분야를 찾아내 스스로 공부한 내용을 보여주는 형태입니다. 학종에서 필요로 하는 탐구력이 딱 이렇게 생겼다고 봐도 좋을 것 같습니다.

중학교 수준에서의 수행평가는 주어진 문제를 해결하는 것에 만족합니다. 하지만 대학에서 보고 싶은 학생의 역량은 '주어진 상황에 문제의식을 가질 수 있는가?'라는 것입니다.

이 역량은 한 반에 모인 모든 학생이 다 잘 하기에 어려운 역량이라고 단언할 수 있습니다. 그렇기 때문에 상위권 대학에 진학을 원할 때만 이 역량이 요구된다고 보시면 됩니다. 만약 아이의 목표나 달성 가능한 대학 수준이 중위권이나 하위권이라면 개방적 탐구에 대해서 고민할 필요가 없습니다.

대학은 대학이 낸 문제에 정답을 맞힐 수 있는 학생을 찾으려는 것이 아닙니다. 학생 스스로 만든 문제를 주체적으로 해결해 가는 과정을 보여주고, 도달한 결론이나 영향력의 깊이가 얼마나 깊은지를 통해 자기주도학습 능력을 얼마나 길렀는지 가늠해 보려고 하는 것입니다.

결국 주어진 문제에만 계속해서 답을 하는 것은 지필고사와 모의고사에서는 좋은 성적을 거둘지 모르겠지만 학종이 말하는 탐구력을 가진 학생부가 되지는 못합니다. 이것이 학종에 대한 탄식을 부르기도 합니다.

"우리 아이는 내신도 관리 잘했고 다양한 활동들로 학생부를 가득 채웠는데, 수시에 지원한 모든 학교에서 탈락했어요"

이 말만 들으면 역시 학종은 이상한 전형인 것 같다고 생각하실 수도 있습니다. 이렇게 소문은 시작되겠지요. 아이도 엄마도 영문을 모릅니다. 하지만 저라면 이 상황에 대해 주어진 문제에 대한 답만 찾는 활동을 꾸준히 열심히 했을 확률을 생각해 볼 것 같습니다. 스스로는 세상에 궁금한 것이 없고, 자신의 관심사도 드러나지 않았던 학생부가 아니었을까 하고 말이죠. 이러한 경우 희망했던 대학이 본인의 기준에서는 적정수준이라고 판단했겠지만 사실은 모두 상향 지원을 한 것이 될 수 있습니다. 눈높이를 한 단계 낮춰서 지원했다면 탐구력과 자기주도학습에 대한 요구도가 덜한 대학 기준으로는 합격을 할 수 있는 학생부일 것입니다.

그러니까 이 상황의 문제는 첫 번째, 학생부에 들어갈 활동을 많이 했지만, 중학교 수행평가 이상의 심화된 부분이 없던 것. 둘째, 해당 학생의 학생부 수준보다 높은 기대치를 가진 대학에 지원한 것. 이 두 가지의 문제점을 가지고 있었을 것이라고 생각합니다.

고등학생이 된다고 해서 자연스럽게 대학이 기대하는 수준의 준비도를 갖출 수 있는 것은 아닙니다. 고등학교 3년을 잘 활용해야만 탐구라는 것의 실체를 이해하고 배워서 졸업할 수 있습니다.

다음은 학종 합격자들이 가졌던 질문과 그것을 탐구해 나간 과정을 대학이 발표한 합격 후기에서 발췌하여 진로 목표, 탐구 문제, 해결 방식으로 분류 및 정리한 것입니다.

> 진로 목표 : 세대 갈등 중재 전문가
>
> 탐구 문제 : 저출산 고령화, 세대 갈등 문제해결 방안을 미리 구상해야 한다.
>
> 해결 방식 : 대한민국은 빠른 사회 경제적 변화를 거치면서 세대마다 다른 가치관과 소통방식을 갖게 되어 세대 갈등이 심화됨. 세대를 넘는 공용 공간 마련, 문화 행사를 통한 소통의 장 마련, 직장과 교육기관 문화 조성 등 해결 방안 제시

※ 2024학년도 〈건국대학교 KU학생부위주전형의 모든 이야기〉 발췌

> 진로 목표 : 딱정벌레에 대한 관심, 유전체 분석을 기반으로 한 곤충 계통에 관한 연구
>
> 탐구 문제 : 홍수 범람 시 하천에 서식하는 딱정벌레과 곤충의 생존 방법에 의문을 가짐.
>
> 해결 방식: 직접 고안한 실험 세트로 먼지벌레 특유의 부절구조를 통해서 범람 시 행동패턴 밝힘

※ 2024학년도 〈경희대학교 학생부전형 가이드북〉 발췌

> 진로 목표 : 심리학을 사회문제해결을 위해 활용할 수 있는 학자
>
> 탐구 문제 : 사람들은 왜 편견을 가질까?
>
> 해결 방식: 편도체, 내측 전전두 피질 등 뇌 영역에서의 편견의 메커니즘 이해, 뇌영상기법의 원리를 학습, 신경과학적 원리만이 아닌 사회문제로서의 편견을 해결하고 싶다는 아쉬움, 이주민을 향한 편견과 혐오를 주제로 탐구

※ 2023학년도 서울대 웹진 아로리 '나도 입학사정관' 발췌

아이들이 자신의 관심사를 뚜렷하게 보여줄 수 있는 주제들을 잘 선택하여 탐구했다는 것이 보이시나요? 상당히 구체적이고 또 현실적

입니다. 자신의 전공적합성을 강하게 내뿜는 주제도 있고요. 내가 속한 환경적 배경이나 시대적 배경에 집중하기도 합니다. 대단히 거창하지도 않고 생전 처음 보는 상황에 대한 탐구도 아닙니다. 위의 사례는 학종전형 합격자 중에서도 대학이 원하는 탐구력을 담고 있는 좋은 샘플이기 때문에 소개하였습니다. 어떻게 보면 게임의 가장 마지막에 만나는 끝판왕 같은 탐구 활동일지도 모르겠습니다. 타고난 능력을 가지고 있었기에 이런 탐구 주제를 도출할 수 있었을까요? 곤충에 대한 관심, 사회문제에 대한 관심, 인간에 대한 관심이 여러 번의 자유 주제와 보고서에 녹아들었을 것이고, 어느새 내가 곤충에 또는 심리학에 관심이 많은 사람이라는 것을 자각했을 것입니다. 때로는 질문하고, 때로는 관심 있는 책을 읽고, 또 때로는 엉뚱한 곤충채집을 하면서 질문과 대답 찾기를 자기 안에서 무수히 반복해 왔을지 모릅니다. 마침내 고등학교에서 대학을 위한 진로를 고민하면서 전형을 알게 되고, 나의 관심을 어떻게 대학에 보여줄 것인가를 학교생활과 같이 엮어서 만들어가게 됩니다. 결국 학생부에는 하나의 목표를 좇기 위한 다양한 차원에서의 노력과 활동이 자잘하게 담기게 됩니다. 교과목 선택에서부터 동아리 활동, 학교 행사에 참여하며 남긴 작은 발자취가 모여서 내가 해보고 싶은 활동이라는 것을 선명하게 만들어줬을 것입니다.

탐구는 '문제 인식-가설 설정-자료 수집-자료 분석-결과 도출-

결론 및 피드백'이라는 과정을 거치는 것이 반드시 필요합니다. 영어 단어를 암기하거나 연산 문제를 풀어보는 것과는 다른 불편한 과정이 포함되어 있지요. 그래서 쉽게 "엄마와 함께 탐구 활동을 해보자"라는 말이 입에서 떨어지지 않기도 합니다. 하지만 나이가 어릴수록 단계마다 작은 성취를 하는 것만으로도 탐구에는 진척이 생깁니다. 한 번은 엄마의 아이디어에 추가 질문을 만드는 것으로 충분하고 다른 한 번은 책을 통해 궁금했던 점에 대한 새로운 정보를 수집하면 됩니다. 통으로 이어지지 못한 분절된 탐구 경험이지만, 이것은 추후에 크면서 이어가면 됩니다. 마인드맵의 동그라미 개수를 늘려 놓는다면 그것들을 연결하는 선은 조금 더 머리가 여문 뒤에 만들어갈 수 있기 때문입니다.

고등학교에 가서 만족스러운 탐구 활동 결과물을 많은 아이들이 내지 못하는 이유는 생각보다 단순합니다. 고등학교 이전에 약식이라도 탐구 활동을 많이 해보지 않았기 때문입니다. 초등학교에서 중학교를 거쳐 수많은 과제를 할 때도, 수행평가를 할 때도, 동아리에서 자발적으로 주제를 잡고 탐구를 할 때도 빠르고 쉽게 끝내려는 마음으로 이런 활동에 참여했다면 탐구 활동을 했다고 볼 수 없습니다. 이렇게 되면 말뿐인 탐구 활동을 하게 되고 잘못된 개념을 탐구의 기준으로 삼게 되기 때문에 질적인 한계에 부딪힐 수밖에 없습니다.

그렇다면 어떻게 해야 탐구에 익숙해지고 좋은 탐구를 할 수 있을까요? 제가 생각하는 정답은 많이 실패해 보는 것입니다. 탐구를 많이 하는 것이 아니라 탐구를 많이 실패해 보는 것이지요. 집에서 콩나물을 키워보는 일이 전혀 어렵지 않아 보였는데 어느새 빛이 들어가 노란 콩나물을 얻는 것이 쉽지가 않다는 것을 알게 되는 것, 강낭콩을 잘 기르기 위해 햇빛과 물을 모두 줬는데도 좋은 열매를 맺는 것이 만만치 않다는 것에서 시작하는 것입니다. 사소해 보이는 변수가 통제되지 않을 때 당연할 것 같은 결과가 나오지 않는다는 것을 인식할 수 있겠지요. 부족함이 있는 탐구를 여러 번 하면서 좋은 탐구에 대한 감각을 키워 나가야 합니다. 이 감각은 책이나 수업으로는 쉽게 얻을 수 없습니다. '결과가 잘 나오지 않았을 때, 무엇을 다시 확인하고 바꿔야 할지 짐작할 수 있는 능력', 그것이 바로 좋은 탐구로 나아가는 직관이자 태도입니다. 완벽한 설계가 아니라 부족한 탐구를 보완하는 일을 계속 반복하다 보면 어느새 대학이 원하는 내공이 학생부에 차곡차곡 쌓여 있을 것입니다.

③ 초등학교부터 준비하는 탐구력

탐구력의 시작

우리가 자랄 때만 해도 탐구력을 특별히 강조하는 수업이나 활동은 거의 없었던 것 같습니다. 저에게 익숙한 탐구는 방학 숙제로 나온 〈탐구생활〉이 전부였어요. 그 안에 정말로 탐구가 들어있었는지 자세히 기억이 나지는 않지만 '고구마 기르기'라던가 그 시절 보드게임이라 할 수 있는 '주사위 놀이'의 판이 들어있어서 방학을 재미있게 보냈던 것 같습니다. 지점토를 이용한 목걸이 만들기, 판화 그리기 등의 다양한 활동들도 있었고요. 여름방학이 끝나면 방학 숙제를 양손 가득 들고 학교에 갔던 기억이 납니다. 어떤 친구는 곤충채집을 정말 많이 해서 박제해 오기도 했어요. 저도 집에서 개구리알을 부화시켜서 올챙이를 키웠는데 당시 엄마가 괴로워하였던 기억이 납니다. 그 시절 우리에게는 시간이 참 많아서 오랜 시간이 드는 활동들을 그렇게 자발적으로 해보기도 했습니다. 그것이 탐구의 모양인 줄은 몰랐지만 말이죠.

요즘 말하는 '탐구력', '탐구'에 새롭게 초점이 맞춰진 것은 '2007년 개정 과학과 교육과정'에 '자유탐구'라는 개념이 도입되면서부터인데, 이때부터 학교 현장에서 탐구를 적용하기 위한 구체적인 지도 방안이 고안되기 시작하였습니다. 더불어 2000년 '영재교육진흥법'이 통과되고 2003년 우리나라의 첫 과학영재학교가 설립되면서 영재 교육에 대한 관심이 높아졌고 2007년 대학부설 과학영재교육원이 전국 25개 대학으로 확대되면서 영재를 위한 교수 학습법 연구도 급속히 증가하였습니다. 영재교육기관에서는 본질적으로 과학적 지식의 습득보다는, 이러한 지식 습득을 가능하게 하는 과학적 사고력, 문제해결력, 탐구 능력 등의 배양 및 내면화를 목적으로 하는 탐구 중심 수업을 하려고 꾸준히 시도해 왔습니다. 영재와 탐구가 나란히 가는 구조였지요.

이러한 시대적 흐름을 배경으로 '탐구'라는 개념은 자연스레 고차원적인 학습의 영역으로 인식되었으나, 여전히 성취도 중심의 성적 경쟁의 교육 환경에 커다란 변화를 일으키지는 못한 것으로 보였습니다.

그러다 2008년 '입학사정관제'의 도입으로 대입에서 처음으로 '정성평가'의 개념이 다루어졌는데요. 즉, 대학의 합격과 불합격을 결정하는 데 있어서 숫자를 넘어서는 무언가가 존재한다는 것을 인식하게 됨으로써 학생과 학부모들은 많은 혼란을 겪었습니다. 내신점수가 1점대여야 하지만 꼭 1점대가 아니어도 합격이 가능하다거나 전공적합성을 보여줄 수 있는 동아리 활동이 좋지만 꼭 그렇지 않아도 합격을 할 수 있는 그런 상황 말이지요. '점수가 아니라면 무엇이 있어야 하는 것일까?'라는 질문에 대해 저는 또 한 번 '탐구'라는 역량으로 대답하고 싶습니다.

오늘날의 학생부 평가 기준에서 '탐구력'이라는 것이 큰 기둥이 된 것은 갑작스러운 것이 아니라, 정성평가의 관점에서 우수한 학생들이 공통적으로 가지고 있었던 능력이 결국 '탐구력'이었기 때문입니다.

근데 이 탐구력, 그것도 학종에서 말하는 탐구력을 간단히 설명하기가 참 난해합니다. 탐구력은 수업 시간 중 활동에서도 키워나갈 수 있고 동아리에서 친구들과 하는 프로젝트를 수행하며 배울 수도 있습니다. 관심 분야의 책을 연거푸 읽다가 '유레카'를 외치며 새로운 지점을 깨달은 것을 탐구력이 있다고 부를 수도 있고요. 수많은 형태와 방법으로 탐구력을 키워나갈 수 있습니다.

탐구의 과정은 정해진 절차를 똑같이 따라간다기보다 각자의 상황과 성향에 맞게 깊은 사고의 영역으로 들어가는 일이라 볼 수 있는데 그 과정은 사람마다 다를 수 있습니다. 하지만 초등학교나 중학교 수준에서는 교사나 성인에 의해 계획된 탐구의 과정을 따라가는 것만으로도 의미가 있습니다. 그래도 탐구가 생소한 아이들이 여러 단계에 걸친 탐구 활동의 발전 모습을 명료하게 인식할 수 있도록 '탐구보고서 작성'에 초점을 맞춰서 탐구력을 설명해 보려고 합니다.

탐구보고서가 탐구다

'탐구보고서'라는 말이 낯설 수도 있지만 '학종 컨설팅'을 키워드로 검색해 보면 '탐구보고서', '탐구 주제', '주제 탐구', '과제 연구' 등의 맥락으로 컨설팅 프로그램들이 즐비한 것을 볼 수 있습니다. 그만큼 학종을 준비하는 학생들에게 고민이 되는 지점이 바로 '탐구보고서'라는 뜻이기도 하지요. 우리가 마주하게 될 탐구보고서는 학위 논문처럼 수년에 걸쳐 하나를 작성하는 형태가 아니라 여러 개의 탐구보고서를 한 학기, 또는 수행평가로 주어진 시간 동안 생산해 내는 방식으로 접근해야 합니다. 그래서 탐구 관련 컨설팅 프로그램들은 일단 탐구 주제를 잡아주는 것부터 시작합니다. 학생의 진로 분야에 맞으면서 대학에서도 좋아할 만한 탐구 주제를 선택한 뒤 탐구보고서를 작성하게 도와주는 것이 이 프로그램들의 주된 내용입니다.

제대로 된 탐구보고서 하나 없이 상위권 학종전형을 통과한 경우는 단 한 개도 없을 것이라고 장담할 수 있습니다. 하지만 탐구보고서만으로 입시에 승부수를 둘 수 있는 것은 또 아니기 때문에 교과와의 균형을 잘 맞춰가며 자신의 탐구력을 길러나가는 것이 필요합니다.

학종을 준비하는 학생들은 결국 수행평가 외에도 자발적인 방식을 통해 산출물을 만들고, 그것을 발표하며 자신이 적극적으로 지식을 확장하는 활동을 했다는 증거물을 만들게 됩니다. 이때 가장 보편적이고 쉬운 접근이 바로 '보고서'입니다. 그런데 이것을 우리가 예전에 전지에 매직으로 써서 칠판에 붙였던 것들과 유사하게 생각하시면 안 됩니다. 백과사전에 있는 정의를 그대로 옮기고 교과서를 정리하는 형식의 보고서는 '탐구보고서'라고 할 수 없어요. 그것은 엄밀히 말하면 '자료정리 보고서'입니다. 정보가 넘쳐나는 세상에서 정보를 정리하는 일은 이제 ChatGPT가 더 잘하게 되었습니다.

이전에 '소논문'이나 'R&E Research & Education'라고 부르고 작업하던 활동이 학생부에 존재했었습니다. 하지만 이런 형태의 산출물을 내기 위해서는 특정 유형의 학교들만 가능한 종류의 수업을 이용하거나, 사교육의 도움을 받아야만 가능한 활동이라는 점이 문제가 되어 학생부

구분	자료 정리 보고서	탐구보고서
목적	정보를 정리하고 전달	질문을 세우고 문제를 해결하는 과정 탐구
내용 구성	이미 알려진 사실, 정의, 자료 위주	가설 설정 실험 / 조사 결과 분석 / 결론 도출
작성 방식	책이나 인터넷에서 찾은 내용 그대로 정리	스스로 질문을 만들고, 답을 찾기 위해 노력
탐구 과정 포함 여부	거의 없음, 단순 정보 나열	탐구의 모든 과정 기록 (질문, 방법, 결과)
창의성 및 사고력	낮음, 단순 암기형	높음, 문제해결과 비판적 사고 포함
학생의 역할	자료를 모으고 정리하는 수동적 역할	적극적이고 주도적으로 문제를 탐구하는 역할
학습 효과	단편적 지식 습득	깊이 있는 이해와 응용력 향상

기재가 금지되었습니다.

   교육부는 소논문 활동의 교육적 가치 자체를 부정한 것이 아니라, 그것이 정규 수업이나 창체 속에서 자연스럽게 이루어지도록 유도하려는 목적을 가지고 있습니다. 따라서 소논문 형식의 활동이라 하더라도, 학생 주도로 수행한 자율탐구활동에 한하여 특기사항을 기재할 수 있으며 창체 활동의 '주제 탐구'나 동아리 활동으로도 자연스럽게 녹여낼 수 있습니다. 즉 탐구보고서와 소논문 모두 하나의 주제나 문제를 설정하고, 이에 대한 탐구를 통해 해결 방안이나 결론을 도출하려는 과정을 포함하고 있다는 점에 공통점이 있습니다.

　탐구보고서는 단순 정보 정리와는 다릅니다. 과학적 탐구 방법처럼 '가설을 세우고, 검증하는 과정'을 담고 있다는 점이 가장 큰 차이입니다. 자료 정리 보고서는 책이나 인터넷에 있는 내용을 요약하는 데 그치지만, 탐구보고서는 스스로 질문하고, 답을 찾아가는 과정 그 자체를 기록합니다. 즉 가설을 세우는 순간부터 탐구가 시작되는 것입니다. 그렇기 때문에 탐구보고서에는 단순한 결과가 아니라 문제를 해결해 나가는 과정과 사고의 흔적이 담겨야 합니다.

　그래서 '탐구보고서'에는 문제해결의 과정을 담는 것이 필요합니다. 내가 세운 가설이 맞는지, 원리가 무엇인지, 또는 가설에서 놓친 점이 무엇인지를 확인하기 위해 생각하고 검토한 흔적이 드러나야 합니다. 자료 정리 보고서가 남이 해놓은 탐구의 정리본을 받는 것이라면, 탐구보고서는 아직 정리가 되지 않은 생각의 과정이 담겨있어야 합니다. 내가 세운 가설에 대한 대답이 하나씩 밝혀지면서 가설을 뒷받침할 근거를 발견하게 되고, 그로 인해 더 이상 가설이 아닌 명제가 됨으로써 그 사실에 대한 완전한 이해가 가능해집니다. 의심스러웠던 가설이 단단한 명제라는 것을 확인하게 되면 아이의 시야는 한 뼘 더 넓어집니다. 단단한 명제 위에 또 다른 질문을 해볼 수 있다는 것이 바로 탐구의 강점입니다. 우리가 일상생활에서 의식하지 않지만 생존을 위해 내리는 수많은 의사결정은 가설과 가설 검증을 계속해서 반복하며 명제가 되고 신념이 되는 과정을 거치고 있습니다.

결국 탐구보고서는 '나만의 이야기'를 들려주는 글이 되어야 합니다. 똑같은 책을 읽는다고 해도 탐구의 과정이 들어가면 '나만의 이야기'가 되지만 수동적으로 책을 읽은 활동은 누구의 이야기도 되지 못합니다. 예를 들어 수업 시간에 타일러 라쉬가 쓴 《두 번째 지구는 없다》라는 책을 읽었다고 해봅시다. 이 책을 읽고 책의 중심 메시지인 '기후에 관심을 가져야겠다'라는 내용의 보고서를 쓴다면 물론 그 자체로도 아무것도 하지 않은 것보다는 훌륭하지만, 자신의 관심사나 학업적인 열정이 드러나기가 어렵습니다. 독서감상문이 되지요. 독서감상문을 작성하는 것은 책을 읽고 할 수 있는 바람직한 활동이지만 대학을 독서감상문으로 갈 수 있는 경우는 없습니다. 이 활동이 나에게 끼친 영향을 좀 더 자세히 밝히고, 책으로부터 받은 영향을 내가 능동적으로 어떻게 적용하고 있는지를 보여주는 것이 탐구입니다. 다른 한 학생은 《두 번째 지구는 없다》를 읽은 뒤 환경과 가격의 관계에 관심을 갖게 되었습니다. 그리고 실제로 탄소 배출을 줄이기 위해 노력하는 기업을 찾아봅니다. 탄소 배출 절감을 실천하는 기업의 물건 가격과 일반 기업의 동일 물건 가격을 비교하며 '환경친화적 소비'에 대해 생각해 보게 되었다는 보고서를 쓴다면 이후 '경제' 혹은 '환경'이라는 분야에 대한 관심을 자신만의 질문으로 확장해 나간 모습을 보여줄 수 있습니다. 이런 활동은 단순한 감상이 아니라, 자기주도적 탐구이자 학업 열정이 드러나는 과정입니다.

    탐구를 처음 접할 때는 고등학교에서 쓰게 될 탐구보고서의 형태를 따르지 않아도 괜찮습니다. 초등학교나 중학교 시기에는 정형화된 틀보다는 '궁금한 점을 스스로 질문해 보고, 그 질문을 풀기 위해 정보를 찾아보며, 내가 알아낸 것을 친구나 부모님께 설명해 보는 활동'만으로도 충분한 탐구 훈련이 됩니다. 가설과 결론이 있다면 그것이 바로 탐구인 것이지요. 예를 들어, 좋아하는 동물에 대해 책을 읽다가 '왜 치타는 빠를까?'라는 질문이 생긴다면, 그걸 주제로 관련 책을 더 찾아보거나 유튜브 다큐멘터리를 시청하고, 자신이 이해한 내용을 간단한 글이나 발표로 정리해 보는 것도 훌륭한 탐구 활동입니다. 이렇게 작은 질문 하나로 시작된 활동이 쌓이면, 고등학교에 가서도 낯설지 않게 탐구보고서의 형식을 배워나갈 수 있는 밑거름이 됩니다.

처음 쓰는 탐구보고서가 어려운 이유

제가 고3 여름방학에 수시 원서 접수를 앞두고 만났던 학생 중 대부분은 아마도 탐구 문제 도출, 그리고 탐구 설계라는 부분을 제대로 해본 적이 없었던 것 같습니다. 그도 그럴 것이 아이들이 일상적으로 경험하는 공부 방식은 탐구의 방식과는 다릅니다. 늘 질문에 대한 정답을 빨리 찾아내는 것이 잘하는 것이라고 배워왔던 아이들은 탐구의 주제를 정하고 가설을 설정하는 일에 많은 시간을 쏟는 것이 낯설기만 합니다. 그렇기에 더더욱 코앞으로 닥친 입시 일정을 두고 '탐구는 천천히 우리 안의 질문을 꺼내보는 일'이라고 설명하는 것이 결코 쉽지 않습니다.

고등학교 1학년에 갓 입학한 신입생에게 고등학교 생활의 학생부 관리를 위한 맞춤형 수업을 진행했던 적이 있었습니다. 그 친구가 하루는 학교에서 과학탐구 주제를 정해오라고 하는데 주제를 어떤 것으로 하면 좋을지 조언을 부탁하였습니다. 4명이 한 팀이 되어 한 학기 동안 주제 탐구를 하는 활동이었는데 '탐구계획서'를 제출하는 것이 첫 번째 미션이었던 것이죠. 학교는 어려워할 아이들을 위해 탐구계획서 양식을 학생들에게 배포하였습니다. 그런데 오히려 이 계획서가 아이들에게는 더 큰 부담으로 다가옵니다. 탐구 동기, 탐구 목적, 탐구 방법이라고 쓰여있는 빈칸에 무엇을 써야 하는지 감이 오지 않기 때문입니다. 주제를 간단히 적고 정리한 자료를 보고서로 쓰면 그만이었던 그동안의 보고서와는 차원이 다릅니다.

탐구 주제를 정하기 위해 봐야 하는 자료의 종류와 깊이는 최종 보고서에 들어가는 자료보다 간단하지 않습니다. 그리고 이 과정에서 접한 자료 중, 중요하다고 생각되는 것들은 따로 저장하고 리스트를 만들어 앞으로 진행되는 연구 과정에서도 계속해서 참고할 수 있도록 분류, 관리해야 합니다. 그래야 똑같은 일을 몇 번씩 되풀이하지 않을 수 있습니다. 팀원들이 각각 자신의 관점에서 자료 검색을 실행한 뒤 소통하며 분야를 구체화해 가는 과정을 거치게 된다면 탐구계획서 양식에 있었던 탐구 동기, 탐구 목적은 자연스럽게 나올 수밖에 없다는 것을 저는 알고 있었습니다.

학생의 물음에 대한 저의 솔루션은 현재 진학을 희망하고 있는 대학의 학과 홈페이지에서 교수님들의 연구 분야를 먼저 탐색하고, 대학생들이 연구 중인 주제를 볼 수 있는 게시판을 통해 희망 대학에 가면 하게 될 연구 활동을 먼저 파악하라는 것이었습니다. 그것을 바탕으로 키워드를 정리했다면 대학 입학처에서 제공하는 〈학생부종합전형 가이드북(안내서)〉에서 희망 학과에 합격한 학생의 후기를 보며 실제 고등학생이 할 수 있는 수준의 연구의 깊이를 가늠하도록 안내하였습니다. 그리고 난 뒤, 프로젝트 팀원들 각자의 관심사를 정리하여 주제를 정하기 위한 토론의 시간을 마련해야 한다고 말해 주었어요. 말하자면 아무런 목적과 지식 없이 팀원들이 모여 그저 머리를 맞대고 있어봤자 추상적이고 거창한 주제만을 생각해 낼 수 있으니 그런 시간은 보내지 말고, 골치 아프지만 꼭 해야 하는 이 일을 각자 해서 다시 모이라고 알려주었습니다.

하지만 막상 이 솔루션을 들은 학생들이 손가락을 움직여 검색을 시작하고 시간을 쏟고자 할 때는 많은 장애물이 나타납니다. 당장 해야 하는 과제물이나 시험 공부도 있고, 친구와의 약속도 있죠. 읽고 싶은 책이 생길 수도 있습니다. 이 학생이 들어간 고등학교에서 첫 한 학기 동안 희망자에 한에 진행되는 이 과학 프로젝트는, 학교가 대놓고 학종 준비를 할 수 있도록 학생부에 기재해 줄 테니 적극적으로 활동해서 좋은 이야깃거리를 만들어보자는 의도였을 것입니다. 이 활동을 잘만 활용한다면 향후 3년 동안 하게 될 수많은 비교과 활동의 주제 선정과 방향에 중요한 지표가 되어줄 수 있기 때문에 첫 단추를 잘 끼는 것이 무엇보다도 중요했습니다.

고등학교 1학년 1학기는 많은 학생들이 전공을 탐색하는 정도의 기초 활동을 기재하는 시기라서 학생부의 여백이 다른 학년에 비해 상대적으로 많이 남습니다. 이때의 빈 공간을 알차게 채운다면 학생부에서 다른 학생과 차별화를 줄 수 있습니다.

SKY와 같은 상위권 대학을 공짜로 가는 방법은 없습니다. 입시를 한 번이라도 경험해 보신 분들이라면 누구든 입시에는 왕도가 없다는 것을 아실 겁니다. 그런데 입시와 거리가 어느 정도 있을 때는 '정말 저렇게까지 해야 할까?'라는 질문을 갖게 됩니다. 아이가 헤쳐나가야 할 과정이 너무 고되어 안타깝기 때문에 더욱 그런 마음이 많이 생깁니다. 하지만 아이가 마주할 과정은 꽤 공정합니다. 똑같은 시간 동안 유사한 환경에서 같은 범위로 시험을 보고 과제물을 제출하는 것이니까요. 상위권 대학일수록 지원자 가운데 학문에 진심인 학생의 비중이 높습니다. 비교하고 싶지 않지만 같은 학과를 지원한 다른 지원자가 학문에 진심이라면 내 아이 역시도 진심을 보여줘야 하지 않을까요? 게다가 '나는 수능 실력보다 더 괜찮은 역량을 가지고 있다'는 주장을 펼칠 때는 수능 점수 이상의 활동과 탐구를 보여줘야 대학도 설득할 수 있습니다.

교육 프로그램이든 탐구 대회이든 특강이든 학교에서 하는 것들에 모두 참여한다는 마음가짐으로 하나씩 경험하다 보면 결국 발전 과정이 고스란히 드러나는 3년의 기록물이 나오게 될 것입니다. 처음부터 대단하지 않았기에 더욱 빛나는 자기주도학습의 흔적들은 대학의 입학사정관이라면 누구라도 눈여겨볼 것이라고 확신합니다. 잠재력은 바로 이런 것이기 때문이죠. 이런 학생에게는 대학에 진학해서도 좌충우돌하면서 문제를 해결해 갈 저력이 있는 것이 보입니다. 좌충우돌조차 하지 않는 학생부는 아무 힘이 없습니다.

만약 처음 쓰는 탐구보고서가 어렵게 느껴진다면, 다음의 양식을 채워나가면서 탐구 주제를 구체화해 보는 것을 추천합니다.

탐구 제목	제목은 보고서의 맨 처음이지만 탐구를 시작할 때는 비워두고 시작해도 좋습니다. 탐구 동기와 문제가 진행되면 자연스레 제목의 키워드가 보일 거예요.
탐구 동기	탐구에서 가장 중요한 부분입니다. 내가 이 주제를 선택한 이유를 설명합니다. 책을 보다가, 길을 걷다가, 수업을 듣다가, 영상 속에서 등 다양한 출처로부터 동기가 시작됩니다.
탐구 문제	탐구 진행을 위한 핵심 질문을 한 문장으로 만들어 명료하게 표현합니다. 탐구 문제는 곧 탐구 주제와 연결이 됩니다.
탐구 방법	- 준비물, 장소 - 실험 순서(설계) 또는 자료 조사 - 구체적인 과정 및 어려웠던 점 - 실험 결과 분석 또는 자료 분석
탐구 결과 및 결론	- 탐구 결과를 통해 알게 된 사실을 정리합니다. - 탐구 문제에 대한 대답이 나왔다면 그것을 정리합니다. - 탐구 문제에 대한 대답은 얻지 못했지만 다른 아이디어나 결과를 얻었다면 그것을 정리합니다.
탐구 후 소감	탐구 문제를 해결했다면 그것을 통해 무엇을 알게 되었는지 그 결과가 나에게 미친 영향에 대해 서술합니다.
다음 탐구 주제 제안	탐구를 통해 새롭게 생긴 궁금증을 한 문장으로 정리합니다.
참고문헌/출처/ 사진/표 등	- 탐구 과정에서 활용한 자료명 - 표나 그래프, 사진 등 첨부

일상에서 시작되는
탐구력

초등학교·중학교 시기에 탐구력을 향한 첫걸음을 떼기 위해서 엄마가 도움을 줄 수 있는 것들이 무엇이 있을까요? 무엇보다도 생각을 잘 정리하여 표현할 수 있도록 머릿속에 사고의 단계를 장착해 주는 것이 필요합니다. 정보나 경험을 단순히 받아들이는 데서 그치지 않고, 그것을 다시 바라보고 구조화하며, 아이 스스로 생각을 정리하는 고차원적인 사고로 이어지도록 하는 것을 엄마만의 비밀 목표로 삼는 것이지요. 아이에게 너무 티 나지 않게, 하지만 짧은 대화 속에서도 내실 있는 시간을 보내기 위해 제가 제안하는 일상 탐구력 툴tool, '복기, 비교하기, 생각의 도식화'를 소개합니다.

1) 페이커도 하는 '복기'

초등학교 저학년, 학원을 들어가기 위한 입학 테스트를 보고 나서였습니다. 아이마다 자신이 시험 본 내용을 기억해 낼 수 있는 정도가 확연히 다르다는 것을 경험하였는데요. 시험이 끝난 뒤 놀이터에서 만난 엄마들은 아이의 말을 가지고 시험의 난이도를 판단해 보느라 퍼즐 맞추기를 하는 중이었습니다. 아이들은 뛰노는 와중에도 왔다 갔다 하며 "아 맞다. 그 문제 나왔어, 나무를 심는 문제"라고 이야기하기도 했고 "나무를 심는데 맨 앞과 맨 뒤에는 심으면 안 된다고 해서 더한 다음에 빼고 그랬어"라고 하기도 했어요. 반면에 엄마가 다른 친구들 이야기를 듣고 "민성아, 나무 문제 나왔다는데?"라고 물어도 그저 "그래?"라고 대답하는 아이도 있었지요. 십중팔구 문제를 많이 기억한 쪽이 시험 문제를 더 잘 이해했을 확률이 높습니다. 그것이 좋은 점수로 이어지겠고요.

이러한 과정을 '복기'라고 할 수 있는데요. 복기는 행동에 따른 결과를 받아들일 때 왜 그렇게 했는지에 대해 생각하고 분석하는 행위라고 볼 수 있습니다. 물론 아이에 따라 단순기억을 하기도 하고 문제를 풀며 고민의 시간이 많았기에 기억에 남기도 하며, 내가 많이 고민해서 푼 이 문제의 정답이 무엇인지 궁금하기도 한 정도의 차이는 있습니다. 하지만 복기할 수 있다는 것 자체에 일단 의미를 둘 수 있을 것 같아요. 의사와 투자자, 바둑기사의 공통점은 모두 '복기'의 중요성을 알고 있다는 것인데요. 최근에는 페이커 선수를 다룬 다큐멘터리에서 패배에 낙담하며 울고 있는 다른 팀원들과는 달리 페이커 선수는 경기를 차분하게 복기하는 모습을 보여서 모두를 놀라게 하였습니다. 아마 이런 모습이 지금 e스포츠에서 페이커 선수의 위상을 만든 것이라 생각됩니다.

운동선수들이 매일 훈련 일지를 작성하는 것 역시 복기의 일환입니다. 복기에 이어 기록을 꾸준히 누적해 가며 자신의 변화를 가시적으로 보는 것이지요. 복기는 분석하게 하고 생각하게 하는 힘을 가지고 있습니다. 그러나 성공에 대한 복기는 누가 시키지 않아도 계속하지만 실패에 대한 복기는 쉽지 않습니다. 하고 싶지 않은 것을 계속 떠올려야 하기 때문에 많은 사람들이 회피를 선택하지요. 하지만 객관적으로 상황에 대한 복기를 할 수 있다면 무엇이 문제인지 알 수 있고 다음번에 같은 실수를 반복하지 않을 수 있습니다. 이것이 우리가 오답노트를 작성하는 이유이기도 하고요.

아직 우리 아이들은 페이커처럼 자신의 목표에 대한 집착을 가지고 있지 않은 상태가 일반적일 것입니다. 이럴 때는 학습이 아닌 일상의 영역에서 복기의 기술을 조금씩 연습시켜 주기를 추천 드립니다. 지난 주말에 다녀왔던 외할머니 댁에 가는 길도 좋고요. 함께 본 애니메이션이나 영화를 복기해 보는 것도 좋습니다. 학교에서 있었던 일을 순서에 맞게 논리적으로 설명하도록 천천히 들어주는 것도 좋은 시작이라고 생각합니다. 여행은 일상과는 다른 특별한 경험이니 그곳에서의 시간순 여정이나 인상 깊었던 사건 하나를 자세히 복기해 보는 것도 재미있는 경험이 될 것입니다. 성공한 경험이든 실패의 경험이든 상관없고요, 오히려 복기를 통해 잘 기억나지 않는 것, 또는 나의 생각으로 잘 정리되지 않는 부분을 부모에게 약간의 도움을 받으며 구조화해 나갈 수 있다면 아이가 '나만의 생각의 틀'을 만드는 데 큰 밑거름이 될 것입니다.

여기서 조금 더 발전한다면 복기를 통해 아이의 기억 용량을 키울 수도 있습니다. 복기는 전체에 대한 큰 그림과 더불어 구체적인 내용을 기억하기 때문에, 생각의 위계를 두는 것에 자연스럽게 익숙해질 수 있어요. 예를 들어 컴퓨터 바탕화면의 폴더들처럼 말이죠. 각 폴더 안에 기준에 맞는 지식이 정리되어 있다면 한 폴더 안에 모든 지식을 몰아넣는 것보다 훨씬 더 쉽게 지식을 정리하고 찾을 수 있게 되는 것이지요. 더불어 학교에서 발표할 내용이 있을 때도 단순히 암기하기보다는 복기하려는 시도를 하는 것이 좋습니다. 보통은 파워포인트와 함께 발표를 하거나 약간의 메모를 가지고 나가서 발표할 테니, 처음부터 끝까지 다 외워버리는 것이 아니라 전달하고자 하는 중요한 포인트를 가지고 생각을 소환해 내는 연습을 하는 것이 것이지요. 발표자가 완벽히 소화하고 발표하는 것과 정보를 단순히 읽는 발표가 다르게 들리는 것은 바로 이런 이유 때문입니다.

2) 구술면접 단골손님 '비교하기'

토론을 하는 것으로부터 얻을 수 있는 것은 무엇일까요? 하나의 현상에 대한 서로 다른 의견이 존재한다는 것을 인식할 수 있고 정보와 지식을 교환할 수 있지요. 나와 다른 생각을 하는 타인을 만날 수 있고, 같은 팀 안에서도 의견을 하나로 모으기 위한 작업이 필요하다는 것을 직접 체험하게 됩니다. 혼자 공부할 때는 절대 알 수 없는 것들이지요. 거기서 더 나아가 사고의 확장을 돕는 좋은 도구가 하나 더 있는데요. 바로 '비교하기'입니다.

비교하기의 역량이 중요하다는 것을 알게 된 것은 수시에서 1차 서류전형에 합격한 학생들을 대상으로 2차 면접을 준비하는 수업을 하면서였는데요. 학생부 기반 면접은 내용에 대한 사실 확인 수준의 면접이지만 서울대 일반 전형의 면접이라던가, 구술고사의 성격을 띠는 경우에는 제시문이나 표, 그래프 등이 주어지고 일정 시간 학생이 혼자 고민한 뒤 문제를 푸는 과정을 설명하는 형식이 됩니다. 아래의 표를 보시면 이해가 더 쉬울 것입니다.

- 빈곤의 원인과 그 해결 방안에 대한 제시문 (가)와 제시문 (나)의 주장을 비교하시오.
- 제시문 (라)의 [그림2]에 나타난 결과를 요약하고 이를 바탕으로 제시문 (나)와 제시문 (다)의 주장을 평가해 보시오.

학생이 해당 내용을 얼마나 잘 이해하고 있는지를 확인하기 위해 문제 자체에서 비교하기의 툴을 계속해서 사용하게 만든다는 것을 볼 수 있습니다.

초등학생 때부터 이런 어려운 수준의 내용을 준비할 필요는 전혀 없습니다. 하지만 설명하고자 하는 대상을 더욱 명확하게 하는 것은 그 대상과 유사하지만 약간의 차이점을 가진 비교 대상이 있을 때라는 것을 인지할 필요는 있습니다. 또는 아예 다른 대상을 가져와 대조할 수도 있지요. 비교하라는 지시가 나오지 않더라도 나의 주장에 신빙성을 더하고자 할 때 비교나 대조의 방법을 활용한 설명을 하면 더욱 쉽게 다른 사람을 설득할 수 있습니다.

저는 가끔 아이에게 우리가 다녀왔던 여행지 두 곳을 정해 무엇이 좋았고 무엇이 아쉬웠는지를 이야기해 보게 한다던가, 심지어 좋아하는 게임 두 개를 가지고 비교를 해보게도 합니다. 이런 시간을 많이 갖다 보니 한 번은 '인사이드 아웃2'를 보고 나와서 1편과의 차이점에 대해서 열심히 평가하더라고요. 좀 더 교육적인 콘텐츠 중심이면 좋겠지만 저는 두 개의 식물을 나란히 심고 자라는 것을 관찰하는 것만으로도 비교가 이루어진다고 생각해요. 비교도 복기와 마찬가지로 문제점이나 부족한 점을 찾고 해결할 수 있는 실마리를 제공해 줍니다.

비교는 내가 알고 있는 지식과 새로 알게 된 지식이 유사한지를 판단하는 기준으로 사용이 되고, 이런 과정을 거치면서 새로운 정보를 나의 머릿속 지식체계 안으로 통합시킵니다. 지식이 얼기설기 얽혀있었다면 비교를 통해 새로운 정보를 가져오며 지식의 그물이 촘촘해지는 것이지요. 그래서 배경지식이 많은 경우 새로운 정보를 학습할 때 훨씬 유리하게 되고요.

초등학생으로서 매사에 의미 있는 비교 지점을 찾아내는 것에 목적을 둘 필요는 없지만 꾸준히 생각하는 훈련을 한다면 중학교, 고등학교 때에는 학습에도 자연스럽게 적용할 수 있을 것입니다.

3) 생각을 '도식화'하기

새로운 아이디어가 필요할 때, 낯선 주제에 대해서 조사해야 할 때, 우리는 '브레인스토밍'이라는 이름으로 자유롭게 생각을 던져봅니다. 중구난방 생각이 퍼지는 것 같지만 그것을 하나씩 기록하다 보면 연결 지점들이 보이기도 하고 구체화된 생각을 통해 문제해결이 시작되기도 하지요.

생각은 머릿속에 있을 때보다 기록되고 시각화될 때, 보다 쉽게 정리할 수 있습니다. 또 줄글로 쓸 때보다 개괄식 정리를 한다든가, 표로 정리하게 되면 그것을 정리하는 과정에서 내가 전달하고자 하는 바를 더욱 명확히 확인할 수 있습니다.

이와 같은 생각의 도식화 능력은 지능지수를 측정할 때의 하위 요소이기도 할 만큼 중요한 부분이며 탐구력의 측면에서는 문제해결의 과정을 단계별로 나눠 생각해 볼 수 있는 초석이 되어줍니다. 해야 할 일이 많고 머리가 복잡할 때 펜을 들고 빈 종이에 끼적이며 생각을 정리하는 것이 결코 허튼 일이 아닌 것이지요. 이러한 생각의 도식화 연습은 사소한 것들에도 적용할 수 있는 일상적 툴이지만 익숙하지 않을 때는 전혀 사용하지 않게 됩니다.

초등학생 수준에서는 하루의 일과를 마인드맵으로 그려보게 해서 그날의 일기 주제를 정할 수 있습니다. 이렇게 하다 보면 '학교에 갔다, 친구들과 놀았다'가 아니라 학교에서 3교시에 모둠 활동을 했는데 다른 모둠과 경쟁하면서 좋은 결과를 냈던 일에 대해 글을 써 볼 수 있게 됩니다. 그 밖에도 자유 주제를 정해서 글을 쓰거나 활동을 해야 할 때도 마인드맵을 통해 정교한 주제를 잡을 수 있습니다.

중학생 수준에서는 자료를 수집하거나 분류하는 근거를 마련하는 데 도식화를 사용해 보는 것이 좋습니다. 과학 실험에 대한 결과를 정리할 때 표보다는 내용을 직관적으로 전달할 수 있는 그래프의 형태를 찾아볼 수 있고, 책을 읽고 정리하는 과정에서 줄거리를 구조화하거나 인물에 따른 관계도를 그려봄으로써 저자의 관점을 이해할 수 있습니다.

모둠 활동을 할 때 아이는 여러 명의 친구들 간에 아이디어와 그 전개 상황을 공유해야 합니다. 그런데 많은 경우 서로의 머릿속 생각을 완전히 이해하는 데 어려움을 겪습니다. 역할 분담을 하고 각자 맡은 업무를 처리하지만 서로 어긋나거나 중복되기도 하지요. 이럴 때는 칠판을 이용하여 모두가 함께 눈으로 아이디어와 분류 기준, 아이디어 간의 관계를 인식하며 생각을 공유하게 되면 상호 간에 오해가 줄어듭니다. 이처럼 도식화는 한 배를 탄 친구들이 같은 목표를 가지고 힘을 합쳐야 할 때 그 배의 키가 되어줍니다.

    처음 시작은 아이가 필요할 때 도움을 주는 방식으로 시작하는 것이 좋습니다. 아이의 머릿속이 복잡해지는 소리가 엄마에게는 들리잖아요. 그때 커다란 종이에 스스로 생각을 나열하는 것만으로도 머릿속 생각이 꽤 말끔히 정리된다는 경험을 시켜주세요. 처음부터 혼자하기에는 벅찰 수 있으니 함께해 주시고요. 아이의 생각이 복잡했던 이유가 사실은 중복되는 유사한 개념을 너무 늘어놓았기 때문은 아닌지, 분류의 기준이 상충되고 있었던 것은 아닌지 자신의 눈으로 보는 것은 큰 의미가 있을 것입니다.

인터뷰

'슬기로운 초등생활' 이은경 선생님이 말하는
"초등에서 고등까지 연결되는 탐구력"

Q. 초등학생 시기의 탐구의 경험이 대학 입시에 영향을 미치는 이유는 무엇인가요?

A. 초등 시기의 탐구는 말 그대로 탐구력의 씨앗을 심는 시기입니다. 아이가 질문하는 습관을 들이고, 스스로 답을 찾아가는 과정에서 사고력과 문제해결력을 키우죠. 이 경험은 중학교 수행평가와 고등학교 비교과 활동으로 이어지면서 입시에 필요한 세특 작성에도 직접적인 영향을 미칩니다. 대학에서는 단순히 암기력이 아닌, 문제를 정의하고 해결해 나가는 과정을 평가하기 때문에 초등학생 시절의 작은 탐구 경험들이 쌓여 큰 자산이 됩니다.

Q. 학종 준비를 위해 초등학생 때부터 쌓아 올려야 할 가장 중요한 기본기는 무엇인가요?

A. 저는 학교생활 충실도와 적극적인 수업 참여를 꼽고 싶어요. 아이가 학교에서 배우는 내용을 충실히 소화하면 자연스럽게 질문이 생기고, 그 질문이 탐구로 이어지기 때문입니다. 예를 들어, 과학 수업에서 '식물의 광합성'을 배웠을 때, 단순히 교과서 내용을 외우는

것에 그치지 않고 "왜 햇빛이 꼭 필요할까?"라는 질문을 던질 수 있어야 합니다. 이런 작은 호기심이 아이가 집에서 실험해 보게 하거나 관련 자료를 찾아보도록 이끕니다.

또한, 적극적인 수업 참여는 질문을 만들어내는 데 중요한 밑거름이 됩니다. 예를 들어, 아이가 수업 중에 발표를 하며 자신이 몰랐던 부분을 깨닫거나, 친구들과의 토론에서 새로운 시각을 배우는 경험을 통해 사고의 폭이 넓어질 수 있습니다. 이러한 작은 경험들이 쌓이면 중학교 수행평가에서 논리적으로 글을 쓰거나, 고등학교에서 심화된 탐구 주제를 설정하는 데 큰 도움이 됩니다.

Q. 초등학생 시기부터 탐구력을 키우기 위해 가정에서 실천할 수 있는 팁을 알려주세요.

A. 일상 속에서 시작하는 탐구력이 무엇보다 중요합니다. 아이들이 특별한 환경이나 도구가 없어도 스스로 질문하고 생각할 수 있는 기회를 자주 만들어주는 것이죠. 예를 들어, 가족 여행 후에는 "이번 여행에서 가장 기억에 남는 장소는 어디였어? 왜 그렇게 생각해?"라는 질문을 던져 복기하도록 유도할 수 있습니다. 이 과정에서 아이는 단순히 기억만 떠올리는 것이 아니라, 왜 그 장소가 특별했는지 스스로 이유를 찾으며 생각을 정리하게 됩니다.

또한, 아이가 좋아하는 주제를 중심으로 간단한 프로젝트를 진행해 보는 것도 탐구력을 키우는 데 효과적입니다. 저희 집에서는 아이와 함께 반려식물을 키우며 관찰 일기를 썼는데, 물 주기와 빛의 양에 따른 식물의 변화를 기록하면서 아이는 자연스럽게 과학적 사고를 배우게 되었어요. 이 경험은 중학교 과학 수행평가로도 연결되어 "식물의 성장에 미치는 환경적 요인 분석"이라는 심화된 주제로 발전하기도 했습니다.

이 외에도 아이가 평소 흥미를 느끼는 주제를 탐구로 확장해 줄 수 있습니다. 예를 들어, 아이가 동물에 관심이 많다면 '고양이와 강아지의 행동 차이 관찰하기', 요리를 좋아한다면 '달걀을 삶을 때 소금물을 넣으면 무슨 변화가 생길까?'와 같은 간단한 실험도 아이의 탐구력을 키우는 데 도움이 됩니다.

Q. 부모가 지나치게 개입하지 않고 아이의 자발적인 탐구를 유도하는 방법은 무엇일까요?

A. 부모의 태도는 아이의 탐구력을 키우는 데 있어 결정적인 역할을 합니다. 가장 중요한 점은 아이가 스스로 질문하고 답을 찾아가는 과정을 존중하는 것입니다. 부모가 모든 문제의 답을 알려주려고 하기보다는 "이 문제는 어떻게 해결할 수 있을까?" "너는 이 상황에서 어떤 방법이 좋다고 생각해?"라고 묻는 동반자의 역할을 하는 것이 훨씬 효과적입니다. 이런 태도는 아이가 스스로 사고하고 도전할 수 있는 기회를 열어줍니다.

예를 들어, 아이가 "왜 비가 오면 하늘이 어두워질까?"라고 묻는다면, 바로 답을 주는 대신 "그 이유를 알아보려면 어떤 정보를 찾아봐야 할까?"라는 질문으로 연결해 보세요. 이 과정을 통해 아이는 단순히 답을 얻는 것을 넘어, 답을 찾는 방법까지 배우게 됩니다.

또한, 탐구 과정에서 완벽한 결과를 요구하지 않는 것도 중요합니다. 아이가 실수를 하거나 결과가 기대와 다르게 나올 수 있는데, 그 자체가 탐구의 일부임을 알려주는 것이죠. 예를 들어, 아이가 실험을 통해 "햇빛이 없는 방에서도 식물이 잘 자랄 수 있을까?"라는 주제로 관찰했는데, 식물이 충분히 자라지 않았다고 해도, 그 과정을 칭찬하며 "왜 그런 결과가 나왔을까?"라고 함께 고민해 보세요. 실패조차도 탐구 과정의 의미 있는 일부로 받아들이게 되는 겁니다.

Q. 선생님의 자녀들을 키우며 초중고 시기에 탐구력을 위해 했던 활동 중 가장 기억에 남는 것은 무엇인가요?

A. 큰아이가 초등학교 때 공룡에 푹 빠졌던 적이 있어요. "공룡은 정말 어떻게 멸종했을까?"라는 질문에서 시작한 탐구가 정말 인상 깊었죠. 단순히 책을 읽는 데 그치지 않고, 관련 다큐멘터리를 찾아보고, 공룡 전시회에 가서 실물을 보며 흥미를 키웠어요. 특히, 전시회에서 본 티라노사우루스 화석 앞에서 "이 공룡은 왜 이렇게 큰 이빨을 가졌을까?"라고 묻던 아이의 모습이 아직도 생생합니다. 이런 질문들은 자연스럽게 추가적인 탐구로 이어졌죠.

그 과정에서 아이는 스스로 보고서를 작성하기 시작했어요. 보고서에는 공룡 멸종의 여러 이론을 정리하고, 화산 폭발설과 소행성 충돌설의 차이점, 각 이론의 근거를 비교하며 자신의 의견을 덧붙이기도 했습니다. 그 당시에는 그저 아이의 흥미를 채워주는 활동이라고 생각했지만, 나중에 이 경험이 중학교 과학 수행평가 주제를 선정할 때 큰 도움이 되었어요. 실제로 중학교에서 '대멸종과 지구 환경 변화의 연관성'이라는 주제를 선택하며 초등학생 시절의 탐구 경험을 확장해 심화된 내용을 작성할 수 있었죠.

이 활동이 의미 있었던 이유는 단순히 공룡이라는 특정 주제에 대한 지식뿐만 아니라, 아이가 질문을 통해 스스로 답을 찾아가는 과정의 재미를 느낀 데 있었어요. 그 이후로도 아이는 "왜?"라는 질문을 던지는 습관을 유지하며 탐구력을 점점 더 키워나갔습니다.

Q. 초등학교에서의 탐구 활동이 중학교 수행평가로 자연스럽게 연결되려면 초등학교에서의 어떤 준비가 필요할까요?

A. 초등학교에서 한 글쓰기 경험이야말로 중학교 수행평가를 하는 데 있어서 중요한 역할을 합니다. 특히, '주제 중심 글쓰기'를 꾸준히 연습하면 중학교에서 자료를 정리하고 보고서를 작성하는 과정이 훨씬 수월해지죠. 예를 들어, 아이가 자연 관찰에 흥미를 느낀다면, 산책 중에 본 곤충이나 식물의 모습을 기록하며 관찰 일기를 써보게 할 수 있습니다. "우리 동네에서 가장 흔히 볼 수 있는 나비는 어떤 종류일까?"라는 질문을 던지고, 관찰한 내용을 간단히 글로 정리해 보도록 유도해 보세요. 이 과정에서 날짜, 장소, 나비의 특징 같은 구체적인 정보를 포함하도록 하면 글쓰기 연습과 동시에 자료 정리 능력도 키울 수 있습니다.

또한, 특정 사건이나 경험에 대해 자신의 생각을 글로 표현하는 활동도 중학교 수행평가에 큰 도움이 됩니다. 예를 들어, 가족 여행을 다녀온 뒤 '이번 여행에서 가장 기억에 남는 장소는 어디였고, 왜 그랬는지'를 글로 써 보게 하거나, 학교에서 읽은 동화나 이야기책에 대해 "주인공이 다른 선택을 했다면 어떻게 되었을까?" 같은 질문을 중심으로 에세이를 작성하게 할 수도 있어요. 이런 활동은 중학교 수행평가에서 흔히 요구되는 발표 자료 제작이나 보고서 작성의 기초가 됩니다.

Q. 중학교에서 성실한 태도로 전과목의 수행평가를 준비했던 경험은 고등학교 학종에 어떤 유익을 가져다주나요?

A. 첫째, 자기주도학습 능력이 길러집니다. 수행평가는 단순히 시험 성적만으로 평가되지 않고, 과제의 완성도와 학습 과정에서 보여준 노력이 중요합니다. 전과목의 수행평가를 성실히 준비한 학생은 스스로 계획을 세우고 과제를 마감 기한에 맞추는 습관을 형성하게 됩니다. 이러한 경험은 고등학교에서의 심화된 탐구 과제나 세특을 작성하는 데 큰 도움이 됩니다.

둘째, 다양한 과목에서의 탐구 경험이 축적됩니다. 중학교 수행평가는 국어, 과학, 사회, 기술가정 등 과목별로 탐구와 발표, 글쓰기를 포함하는 다양한 형태로 이루어집니다. 예를 들어, 과학에서는 실험 보고서를 작성하고, 사회에서는 지역 이슈에 대한 의견을 정리하며, 국어에서는 독서감상문을 쓰는 등 각 과목에서 다채로운 수행평가를 경험합니다. 이러한 경험들은 고등학교에서 특정 과목에 대한 관심을 심화시키고, 학생부에 기록될 활동으로 발전할 가능성이 높습니다.

셋째, 시간 관리와 문제해결력이 강화됩니다. 수행평가는 학기 중 여러 과목에서 동시에 진행되기 때문에, 학생은 한정된 시간 안에 우선순위를 정하고 과제를 효율적으로 완수하는 방법을 익히게 됩니다. 고등학교에서는 과제와 시험 준비가 더 복잡해지므로, 이러한 경험은 고등학교 학업에 필요한 기본기를 탄탄히 다져줍니다.

마지막으로, 수행평가를 준비하며 얻은 학습 태도와 책임감은 고등학교에서 교사들에게 좋은 인상을 남기는 데도 유익합니다. 교사들은 학생의 성실성과 노력의 흔적을 담임 의견서나 세특에 반영할 가능성이 높습니다.

Q. 선생님 자녀들이 고등학교에서 작성했던 탐구보고서의 주제는 어떤 기준으로 선정했는지 궁금합니다.

A. 저희 아이가 탐구보고서 주제를 선정할 때 가장 중요하게 고려한 기준은 개인적인 흥미, 관심도였습니다. 보고서 작성은 단순히 과제를 완수하기 위한 것이 아니라, 스스로 흥미를 느끼고 깊이 탐구하고 싶은 주제를 선택해야 더 의미 있고 결과도 만족스럽기 때문입니다. 예를 들어, 큰아이는 사회문제에 관심이 많아 '소셜 미디어가 청소년의 의사결정에 미치는 영향'이라는 주제를 선택했습니다. 이 주제를 통해 단순히 소셜 미디어의 장단점을 분석하는 데 그치지 않고, 청소년들이 어떤 정보를 신뢰하며, 어떤 요인들이 그들의 결정에 영향을 미치는지 구체적으로 탐구할 수 있었습니다. 특히, 진로 방향이

사회과학 분야와 맞물리면서, 대학에서도 탐구의 연속성을 보여줄 수 있는 좋은 주제가 되었죠.

또 다른 기준은 학교 수업과 수행평가와의 연계성이었습니다. 아이가 생물 수업에서 '환경과 생태계'를 배우며 흥미를 느낀 것을 바탕으로, '우리 지역 하천의 생물 다양성 변화'라는 주제를 추가로 탐구하기도 했습니다. 이 주제는 학교 과제인 생태계 조사 보고서를 기반으로 확장되어, 심화된 자료 조사와 현장 관찰을 포함한 탐구보고서로 발전했어요. 학교에서 배운 내용을 토대로 주제를 선정하면 기본적인 이해가 이미 탄탄하게 잡혀 있어 탐구 과정을 더 깊이 있게 진행할 수 있었습니다.

마지막으로, 탐구 주제를 선정할 때는 질문이 명확하고 탐구 가능성이 높은지도 검토했습니다. 지나치게 광범위하거나 추상적인 주제는 탐구 과정을 체계적으로 진행하기 어렵기 때문에, '무엇을, 어떻게 조사할 것인지'가 명확히 보이는 주제를 선정하려고 했습니다. 예를 들어, '청소년의 스트레스가 학습 태도에 미치는 영향'이라는 주제를 선택했을 때, 설문조사와 학업성취도 비교를 통해 명확한 데이터를 수집할 수 있었습니다.

Q. 선생님의 고등 자녀들은 학종을 어떻게 준비하고 있는지 궁금합니다.

A. 현재(2025년) 고등학교 2학년인 제 아이는 입학 때부터 다양한 사회 분야에 관심을 두고 문제의식을 바탕으로 보고서를 작성하며 탐구력을 키워나가고 있습니다. 앞서 이야기한 '소셜 미디어가 청소

년의 의사결정에 미치는 영향'이라는 주제로 진행한 프로젝트가 그러한데요, 단순히 자료를 수집하고 정리하는 데 그치지 않고, 학교 수행평가를 기반으로 심화 주제로 발전시켜 학생부에 기록될 수 있는 형태로 연결했습니다. 이러한 탐구 활동들은 주로 학기 중에는 소규모로 자료를 정리하고, 학기 말이나 학년말에 집중적으로 정리해 심화한 보고서 형태로 완성되었으며, 학년말 학생부 자료 제출 기간을 활용하여 학생부에 기록될 수 있도록 챙기고 있습니다.

　이런 탐구 활동은 단순히 성적을 뛰어넘어 아이의 진로와 학업역량을 동시에 보여줄 수 있는 강력한 도구로 작용합니다. 보고서를 작성하며 자료 조사, 데이터 분석, 논리적인 글쓰기를 연습하는 과정은 학업역량의 증거가 되고, 진로와 관련된 관심사에서 출발한 주제를 심화한 과정은 진로역량을 증명하는 데 도움을 줍니다. 지켜보면서 든 생각은 이런 식의 보고서 작성은 물론 목적은 입시가 맞지만, 단순히 입시를 위한 활동이 아니라, 아이가 스스로 세상과 연결되고 더 나은 방향으로 나아가도록 돕는 값진 여정이라는 것이었습니다.

4

가짜 탐구력의 유혹에서 벗어나는 법

진짜처럼 보이기 위한
가짜 탐구력의 메커니즘

상위권 대학의 학종에는 탐구력에 대한 기대치가 있다는 것을 앞서 말씀드렸습니다. 그래서 학종으로 좋은 결과를 꾸준히 내고 있는 고등학교들은 학생들의 학생부에 '활동'의 개수가 중요한 아니라 '탐구력'이 담겨야 한다는 것을 경험을 통해 이미 알고 있습니다. 학생부에 담겨야 하는 활동의 깊이나 방식을 이해하고 있기 때문에 다양한 프로그램을 운영하며 학생들에게도 그 기준에 대해 인지하도록 만들기도 합니다.

하지만 이처럼 미리부터 탐구력을 인지한 학생들은 무조건적으로 학종에서 유리해야 하는데 현실은 또 그렇지가 않습니다. 작용에는 반작용이 있는 법. 학종을 위한 노림수가 있는 활동들을 쏟아내다 보니 탐구력을 가짜로 흉내 내는 방법도 많이 발달하게 되었습니다. 앞서 말씀드렸지만 탐구력이라는 것이 어떤 책 한 권을 읽어서 생기는 것도 아니고, 학교 시험을 잘 본다고 해서 생기는 것도 아닌 탓입니다. 비록 '진짜' 탐구력이 없다고 하더라도, 마지막 순간이 되면 탐구력이 있는 것 같은 활동을 만들기 위해 과한 경쟁이 나타나기도 합니다. 수능을 앞두고 족집게 과외를 하게 되는 것처럼 수시를 앞두고 탐구보고서를 뚝딱 만들어내는 방법을 찾아 헤매는 것이죠. 진짜 탐구력을 가지든가 탐구력을 가진 것처럼 보이는 활동을 만들든가 해야 합니다.

수백만 원에 달하는 학생부 컨설팅이 존재하는 이유도 정확히는 바로 이러한 상황 때문입니다. 탐구보고서 하나를 쓰는데, 전문가의 터치가 필요하다는 생각을 하게 되는 것도 결국 스스로는 탐구력이 보일 만한 보고서를 작성할 자신이 없기 때문이고요. 하루아침에 기를 수 없는 탐구력이라는 역량을 몇 개월 안에 보고서 형태로 찍어내고 싶은 조급함이 고가의 컨설팅을 부추깁니다.

타 학원에서 탐구보고서 컨설팅을 받고 온 친구의 자기소개서 컨설팅 의뢰를 받은 적이 있습니다(현재는 자기소개서가 폐지되었습니다). 문제는 탐구보고서 컨설팅을 받은 곳에서 자기소개서 컨설팅을 받다가 그만두고 나온 것이었어요. 무언가 마음에 들지 않았기 때문입니다. 저는 당시 자기소개서 첨삭을 도와주고 있었어요. 그래서 이 학생이 작성해 온 자기소개서를 받게 되었습니다. 그런데 자기소개서와 함께 몇 가지 파일을 더 보내주더라고요. 소논문 수준의 주제와 분량을 가진 컨설팅을 받은 탐구보고서였습니다. 마지막 장엔 참고문헌도 명확히 나와 있었고 소논문의 형식도 갖추고 있었지만 스스로 가진 궁금증도, 그 해답을 찾기 위한 노력이나 결과도 담겨있지 않은 빈털터리 보고서였어요. 보고서의 내용을 간단히 요약하자면 프랑스 사상가, 구조주의 학자에 대한 관심이 프랑스어에서의 기의와 기표까지 이어지는 심오한 내용을 담고 있었습니다. 고등학생 수준에서뿐만 아니라 대학원생 수준에서도 이렇게 방대한 주제를 탐구하는 것은 불가능합니다. 학술논문 주제 몇 개만 찾아봐도 금방 알 수 있어요.

　보고서를 이해하기 위해 제가 찾아봐야 하는 정보들이 꽤 많았습니다. 한 번 읽어서는 다 이해되지도 않더군요. 어쨌든 이 학생은 바로 이 탐구보고서의 내용을 자기소개서 1번 문항에 담고 싶어 했습니다. 자신이 이렇게까지 어려운 수준의 보고서를 작성할 만큼 프랑스어와 프랑스 철학자에 대해 잘 알고 있다고 대학에 말하고 싶기 때문이었어요. 자기소개서 1번은 고등학교 생활 동안 가장 의미가 있었던 학습 경험에 대해 기술하는 것인데 이 탐구보고서의 내용을 통해 자신의 희망 전공에 대한 탐구역량을 보여주겠다는 것이었습니다.

 탐구보고서의 내용은 솔직히 말해서 학종을 금수저 전형이라 불리게 할 수 없는 수준이었습니다. 금수저 전형이라면 고액을 주고 받은 보고서로 합격해야 하는데 고액은 줬지만, 합격은 할 수 없는 내용의 보고서였어요. 있어 보이는 단어 몇 개와 거대한 주제를 잡아서 누가 읽어도 한 번에 이해할 수 없도록 작성된, 탐구보고서로서의 가치가 없는 보고서였습니다. 하지만 그 휘황찬란한 단어들로 인해서 학생도 학부모도 그 탐구보고서가 탐구력이 있는 것인지 없는 것인지 분별할 수 없었던 것 같습니다.

 학생과 학부모는 알아차리지 못하였지만 자기소개서 첨삭을 하는 저도, 그리고 대학도 그 보고서에 진실성이 없다는 것을 눈치챘습니다. 프랑스 철학자의 사상을 꿰뚫을 만한 통찰력을 고등학생에게 기대하는 대학이 얼마나 될까요? 프랑스 철학자의 사상 중 이해할 수 없는 어떤 작은 지점에 대한 지적인 고민과 이해를 위한 노력의 과정이 담긴 것이면 충분했을 보고서였습니다. 학생도 컨설팅 업체도 탐구의 시작은 지적 호기심이라는 것을 전혀 인지하지 못하고 있었다고 생각합니다. 이런 거대한 가짜 탐구력을 가진 보고서가 서류 전형을 뚫을 방법은 없겠지만 하늘이 도와 서류 전형을 뚫었다고 해도 면접에서 주어지는 질문에 과연 학생이 자신의 보고서 내용을 이해하고 대답할 수 있었을까요? 외운 대로 답할 수는 있겠지만 조금만 다른 관점에서 질문해도 설명하기 어려워할 것입니다. 역량이라는 것을 보여줄 수 없었겠죠. 그런데 만약 자신이 관심 있는 주제에 대하여 스스로 정리한 보고서였다면 어떨까요? 준비하지 못한 부분이라고 하더라도 직접 탐구를 한 경험을 통해 얻은 지식이 있기 때문에 충분히 설명할 수 있을 것입니다. 적어도 내가 아는 지식을 활용할 수 있는 역량을 가졌을 테니 말입니다.

가짜 탐구력으로 만든 보고서 사례를 통해 우리가 꼭 알아야 할 것이 있습니다. 학원을 통해 탐구보고서를 대필하는 것도 문제이지만 아이 스스로 가짜 탐구보고서를 작성하지 않는지 경각심을 갖는 것이 필요하다는 것입니다. 어렵고 복잡한 지식을 끌어온다고 해서 탐구력이 만들어지지 않습니다. 지금 할 수 있는 수준에서 최선을 다하자는 마음으로 탐구보고서에 접근하지 않으면 허황된 내용을 억지로 담아놓은 보고서가 되거나, 자신의 관심사가 담기지 않은 보고서가 됩니다. 탐구의 주제와 깊이는 '자기 자신'이 기준이어야 합니다. 아이의 현재 수준을 넘어선 탐구력을 보고서에 담으려고 하면 가짜 탐구력의 메커니즘으로 빨려 들어갑니다. 포장된 가짜 탐구력이 한계를 드러내는 사례를 통해 진짜 탐구력이란 무엇인지 다시 생각해 보는 기회가 되었으면 합니다. 손에 잡히는 수준의 주제를 찾아내는 것이 탐구력을 기를 수 있는 가장 빠른 방법입니다.

탐구의 시작은
질문하는 힘에서 온다

학종으로 명문대에 합격한 학생들의 탐구 활동이나 학생부 기재 내용을 보다 보면 학부모님들이 늘 공통적으로 하시는 말씀이 있습니다. "이걸 애가 어떻게 해요?"라는 의문입니다. 이걸 아이 혼자서 해낼 수 있다는 것 자체를 믿지 않으시고요. 이는 컨설팅이 필수적으로 필요한 학종은 내 아이가 대학에 가기 위한 전형으로 적합하지 않다는 의미를 내포하고 있기도 합니다.

제가 책을 쓰는 과정에서 입학사정관 선생님들도 만나고 입시 컨설팅하시는 선생님들을 만나며 이야기를 나누다 보면 "왜 애들이 이것도 못 해요?"라는 의문을 의외로 많이 갖고 계십니다. 선행도 많이 하고 다양한 사교육을 받으면서 성장했다고 들어서 기대에 차 학생들을 만나보면, 생각보다 스스로 할 줄 아는 것이 별로 없는 상태라는 것이지요. 공부 동기는 엄마가 시켜서고, 질문하면 안 배워서 모르겠다고 하고, 숙제를 못 해온 이유는 다른 숙제를 하느라 시간이 없어서라고 한답니다. 중간고사를 보기 위한 공부 계획을 세울 줄 모르고 자신이 독서한 책의 내용을 물어봐도 기억해 내지 못합니다. 그런데 이 상황, 어쩐지 엄마에겐 익숙하지 않으신가요? 요즘 아이들이 대체로 이렇습니다. 아이의 이런 사정을 누구보다 잘 알고 있는 엄마는 우리 아이가 제대로 된 궁금증을 해결하기 위한 탐구보고서가 아니라 지적인 궁금증 자체가 있을지가 의문입니다. 그러니 "이걸 애가 어떻게 해요?"라는 마음속 깊은 곳에서부터의 물음이 나오는 것이지요.

일부 고등학교에서는 학생들의 제대로 된 학종 준비를 위해 비교과 활동에 대한 계획을 아이 스스로 세우게 합니다. 그런데 일반고 기준으로 한 학급에 이런 계획서를 스스로 작성하고 실제로 실행으로 옮길 수 있는 인원은 5명 내외 정도입니다. 엄마의 걱정이 기우가 아니긴 합니다. 아이들이 이걸 어떻게 해야 할지 막막해하거든요.

비교과 활동을 위한 주제 탐구를 위해서 꼼꼼한 계획서가 필요하다는 사실을 많은 아이들은 스스로 깨닫지 못합니다. 마감일이 다가오면 노트북을 열고 하얀 화면 위에 생각나는 주제를 먼저 적습니다. 그리고 검색합니다. 이제는 ChatGPT까지 활용하는 바람에 보고서 하나가 뚝딱 앉은 자리에서 만들어집니다. 이렇게 해서는 배우는 것도 없을 텐데 이 일을 반복하며 학생부를 채워 나가게 됩니다. 이 과정 속에 탐구력이란 눈을 씻고 찾아봐도 볼 수 없습니다.

고등학생이 되어서도 자기 스스로 탐구를 해본 경험이 없어서 보고서 앞에서 단순노동만 하고 있는 아이들의 모습과 현재 제가 키우는 어린이를 동시에 보고 있자니 제 머릿속이 참 복잡해집니다. 중간에 있어야 할 무언가가 커다랗게 비어있는 것 같은데 누군가 여기에 징검다리를 놔주면 좋겠다는 마음이 간절합니다.

고등학교 아이들에게 주제 탐구를 위한 실험을 설계해 오라고 하면 실험 방식, 준비물, 실험이 가질 수 있는 한계나 어려움 등은 쉽게 파악해서 정리합니다. 그런데 막상 왜 그 실험을 하는지, 그 실험을 통해 확인하고 싶은 사실이 자신의 지적 호기심과 어떤 관계가 있는지는 설명하지 못합니다. 실험이 복잡하지 않고 실험 준비물이나 기구가 구하기 쉬운, 흔히 알려진 실험을 선호합니다. 이런 종류의 실험만을 주제 탐구 활동으로 가져오기 때문에 많은 학생들의 학생부에 비슷한 내용의 주제 탐구가 기록됩니다.

그런데 초등학생에게 궁금한 것을 질문해 보라고 하면 그 양상이 고등학생과는 전혀 다릅니다. 도저히 증명할 수도 없고 실험할 수도 없는 공상과학영화 같은 주제들을 질문으로 가지고 옵니다. 이 친구들은 실험이 골치 아플지까지는 생각도 하지 못합니다. 그런데 이때야말로 질문의 힘을 기를 수 있는 적기입니다. 한계가 없는 아이들의 생각을 질문으로 바꿀 수 있게 해준다면 아이들의 상상력은 물론 사고를 확장시켜 줄 수 있습니다.

먼저 아이들이 질문하기 위해서는 질문할 거리가 많은 상황에 놓이게 하는 것이 필요합니다. 관찰할 수 있는 무언가를 제공하거나 책을 통해서 여러 가지 재미있는 질문들을 해결해 가는 과정을 보여주는 것만으로도 아이들 머릿속에는 물음표가 생기기 시작합니다. 이 질문은 탐구가 가능하지 않은 질문이여도 상관이 없습니다. 질문이 생기면 그것을 가지고 질문의 수준을 높이는 시간을 가지면 되기 때문입니다. 모호하거나 단순한 질문을 수정하고 구체화해 주는 것은 부모의 역할입니다. 물고기가 왜 헤엄치는지에 대한 질문을 했다면 물고기의 지느러미가 어떻게 움직이는지를 관찰하는 것으로 질문을 바꾸고 다음 단계로 넘어가는 것이지요. 이러한 질문을 이어가기 위해서는 아이의 질문을 칭찬하는 엄마의 태도가 정말 중요합니다. 그리고 한 단계 더 구체화된 내용으로 질문을 바꿔주면 아이의 사고를 조금 더 멀리 이끌어 갈 수 있습니다.

질문을 던지는 것부터 자유로움이 있어야 학습과 연관된 지적 호기심도 발달할 수 있습니다. 질문이 실험으로 이어지고, 토론으로 확장되고, 스스로 찾아보는 과정으로 연결될 때 학종이 중요하게 여기는 자기주도학습의 역량이 드러납니다.

초등학생 시절 필요한 것은 질문이 피어날 수 있는 환경을 만드는 일입니다. 아이가 스스로 궁금해하고, 그것을 표현할 수 있도록 기다려

주고, 그 질문이 진짜 탐구로 연결되도록 안내해 주는 것이야말로 탐구력의 시작입니다. 학종은 바로 그 과정을 평가합니다.

세특에 남는 '탐구 활동'의 핵심은 결과가 아니라 탐구의 이유입니다. 왜 이 실험을 했는지, 어떤 문제의식에서 출발했는지, 탐구 과정에서 무엇을 새롭게 깨달았는지가 기록으로 남는 것이지요. 이는 단순히 정보나 활동 결과를 나열하는 것이 아니라, 학생의 사고 과정이 드러나는 질문 중심의 학습 기록입니다.

결국 고등학생이 되어 자기주도적인 탐구를 하려면, 어릴 적부터 질문하는 힘을 키우는 경험이 필요합니다. 초등학교 시기의 무한한 상상력에서 시작된 질문 하나가 실험과 토론으로 이어지고, 그것이 탐구 보고서로 발전되는 경험이 쌓일 때, 비로소 고등학교에서 질문과 탐구의 고리가 자연스럽게 연결됩니다. "이걸 애가 어떻게 해요?"라는 질문은 그래서 다시 이렇게 바꿔야 합니다. "우리 아이는 어떤 질문부터 시작해 볼 수 있을까?" 바로 그 순간, 아이의 탐구력이 움직이기 시작합니다.

만약 컨설팅을 받고 싶다면, 이것은 알고 받자

입시와 관련된 정보 수집을 위해 컨설팅을 받는 분들이 많이 늘어나고 있습니다. 미취학 아동을 대상으로 하는 컨설팅부터 고입 컨설팅, 수시 컨설팅, 정시 컨설팅, 학생부 컨설팅 등 그 종류도 더욱 세분화되고 있습니다. 저는 웩슬러 기반의 초등학생 컨설팅을 받아본 적이 있는데 입시와의 접점보다는 아이가 잘할 수 있는 영역을 어떻게 더 잘하게 지원해 줄지, 부모와 아이의 기질은 어떤지 등에 대한 상담을 받을 수 있었습니다. 수년이 지나서 그때의 결과지를 다시 꺼내보는데 무심코 메모해 놨던 이야기들이 이제 와 보니 고개가 끄덕여지기도 했습니다. 그때의 걱정들이 크게 해결되지는 않았지만 아이는 아이 나름대로 성장하고 있다는 것을 느낄 수도 있었고요.

  그러나 입시와 관련된 컨설팅이 이렇게 훈훈하지만은 않습니다. 부족한 부분을 어떻게 채울지에 신경이 곤두서게 되고, 목적을 이루기 위해 해야 할 일들의 리스트가 너무 많다는 것을 새삼 느끼기도 합니다.

  이렇게 다양한 컨설팅 시장에서 너무 쉬운 고객이 되지 않기 위해 알아야 하는 정보를 간단히 정리해 보려고 합니다. 먼저 컨설팅을 가실 때 비용을 과하게 지불하고 싶지 않다면 내 아이와 내가 목적으로 하는 것에 대한 기본적인 정보는 알고 가야 합니다. 예를 들어 대학이 발표한 입결 자료, 또 아이가 현실적으로 지망하는 계열이나 전공, 그리고 합격 가능한 범위에 있는 대학군 등에 대해 부모의 의견이 있어야 합니다. 거기에 좀 더 공부가 가능하시다면 가장 선호하는 전형과 비선호 전형을 순서대로 정해보면 좋습니다. 컨설팅에 가서서 컨설턴트의 말을 듣고만 오시면 그 시간과 비용이 조금 아깝습니다. 질문할 수 있는 능력은 학부모에게도 필요한 능력입니다.

  컨설팅을 적기에 받는 것도 굉장히 좋은 전략입니다. 내 마음이 불안할 때, 아이가 중간고사를 못 봤을 때 컨설팅을 받으러 달려가는 것은 사실 추천하지 않습니다. 고등학교를 선택하는 일이 중요하다면 중2에는 최소한 고입 환경에 대해 아서야 하고(영재고, 과학고는 제외), 고등학교 진학 후 전반적인 계획에 대해 조언을 듣고 싶다면 1학기 초, 아이의 활동이나 방향성에 대한 점검을 받으려면 학기 말이 적합합니다. 만약 과정에 대한 컨설팅보다 지원해야 할 대학을 정확히 찾고 싶다면 3학년 여름방학이 적기입니다.
  마지막으로 컨설팅을 받는 목적을 명확히 하셔야 합니다. 컨설팅은 학생의 과거의 시간을 바꾸는 것이 아니라 앞으로의 시간을 어떻게 활용할 것인가에 초점이 맞춰집니다. 그리고 무엇보다도 현실적이어야 합니다. 많은 학부모님들이 컨설팅을 받으면 노력하지 않았던 것들도 이루어지게 할 수 있는 묘수를 알려줄 것이라는 생각을 하십니다. 제가 생각하는 좋은 컨설팅은 지금 내 아이의 수준에서 딱 한 단계를 높여줄 수 있는 방법을 알려주는 것입니다. 그 방법을 알고 실천하기도 절대 쉽지 않기 때문입니다. 인생 역전을 할 수 있다고 하는 컨설팅을 만난다면 의심하시는 게 좋습니다.

5

초등학교에서 키울 수 있는 '핵심 역량'

아이가 초등학교에 입학할 때 저 역시 교육열에 불타서 많은 것들을 시켜보고 싶었습니다. 하지만 아이가 성장할수록 엄마 말도 시큰둥하게 듣고, 본인의 의지 없이는 집중력을 끌어낼 수 없다는 것을 깨닫는 중입니다. 그러다 보니 저의 교육열도 어느새 꺼져가는 촛불처럼 힘겹게 버티고 있네요. 하지만 초등학교 시기만큼 시간적 여유가 많은 시기가 없다는 것을 알기에 이 소중한 시간을 분명 잘 쓰긴 써야겠다 싶습니다.

초등학생의 유리한 점은 교과 공부 외에 과외 활동에 많은 시간을 할애할 수 있다는 점입니다. 독서는 물론이고 각종 예체능 활동과 여행, 좋아하는 놀이 등 다채로운 활동을 많이 시킬 수 있는 여유로운 시간이 주어집니다.

그래서 요즘 초등학생 아이들이 다니는 학원의 개수를 따져보면 중, 고등학생이 다니는 학원의 개수를 거뜬히 이길 수 있습니다. 태권도, 수영, 피아노, 드럼, 미술, 체스, 아이스하키 등 배울 곳이 있다면 어디든 가서 배우는 지경입니다. 이런 활동은 단순한 취미를 넘어 인생에서 즐길 수 있는 폭넓은 감각과 경험, 자기주도적 성장의 기회를 제공합니다. 하지만 한편으로는 경제적인 비용을 무시할 수 없는 터라 이러한 취미 학원들을 언제까지 끌고 가야 할지 고민이 되기도 합니다. 그렇기 때문에 공부와 직접 관련 없는 활동에 꾸준히 시간과 비용을 투자하려면 그 활동에서 얻을 수 있는 '핵심 성취'를 분명히 해서 극대화된 효과를 낼 수 있도록 하는 요령이 필요합니다.

악기를 배운다고 한다면 핵심 성취는 악기의 소리를 내는 실력입니다. 악기의 소리를 잘 듣고 정확한 소리를 낼 수 있는 실력을 키우는 것이 악기를 통해 배울 수 있는 가장 큰 성취입니다. 또 어떤 악기를 배울지 선택하는 과정에서 아이의 의견을 반영한다면 아이의 자기주도성이나 흥미를 탐색해 볼 수도 있습니다. 그리고 악기를 잘 다루게 되어 학원에서 하는 발표회에 참가하거나 학교의 오케스트라에 들어가게 된다면 지휘자와 단원들과 호흡을 맞춰 아름다운 소리를 내는 특별한 경험을 할 수 있습니다.

스포츠도 유사합니다. 초등학교에서 배우는 스포츠는 기술을 연마하기보다는 체력과 기본기를 다지는 것이 핵심 성취입니다. 스포츠 역시 아이가 원하는 운동을 선택하게 함으로써 흥미를 알 수 있고, 축구와 같은 팀 스포츠의 경우 자신에게 적합한 포지션을 찾아가며 자신의 강점을 확인할 수도 있습니다. 수비수와 공격수의 강점은 상반되기 때문에 팀원 한 명만 잘하면 되는 것이 아니라 상호 보완되는 역할이 필요하다는 것을 경험할 수 있습니다. 이러한 관계를 통해 경쟁도 있겠지만 팀으로서 협력하는 법을 배우게 됩니다.

여행을 통해서도 성취할 수 있는 것들이 많습니다. 아이와 함께 여행지를 정할 수 있고, 여행지가 정해지면 그 안에서 아이의 흥미에 따라가고 싶은 곳을 스스로 발견하게 할 수도 있습니다. 무엇보다 여행은 여행을 떠나기 전에 여행지에 대한 정보를 수집하고 준비물을 미리 예상하며 계획을 세우는 것이 핵심 성취라고 생각합니다. 아이 스스로 계획한 것을 여행지에서 실행함으로써 배우는 것이 매우 크기 때문입니다. 또 가족여행이라고 해도 아이에게 모두 맞춰주기보다는 서로 의견을 교환하며 배려할 수 있는 상황들을 겪게 하는 것도 중요합니다.

어떤 활동이든 '본질적인 실력'을 먼저 갖추는 것이 중요합니다. 악기를 배우면 악기 연주의 기본을, 운동을 한다면 기초 체력을, 여행을 한다면 여행지에 대한 준비를 하는 것이 기본 실력이라고 할 수 있습니다.

또 스스로 선택해 보는 것은 탐색 역량을 키워줄 수 있습니다. 배우고 싶은 악기와 스포츠의 종류나 가고 싶은 여행지를 직접 선택하면서 책임감이 생길 수 있고 활동의 과정 안에 나의 선택이 포함되어 있기 때문에 주도성을 갖게 됩니다.

여기서 가능하다면 활동을 꾸준히 반복하면서 스스로 '레벨 업'하는 경험을 노려볼 수도 있습니다. 모든 영역에서 실력이 쌓일 수는 없겠지만 노력을 통해 조금씩 발전하는 자신의 모습은 자기효능감과 성장의 경험을 줍니다. 바로 이 경험을 몸으로 체득해 본 아이들은 새로운 활동에서도 핵심 성취에 대한 내적 기준을 만들어갈 수 있습니다. 운동을 하러 가서 친구들과 즐겁게 노는 것만 하는 것이 아니라 오늘 배우는 것을 자기 것으로 만들고 싶다는 마음이 생길 수 있고, 악기를 배우면서도 자신의 역할을 인지하고 전체 안에서 정확한 소리를 내려는 의지를 갖게 되는 것입니다.

이런 활동을 통해 배우는 것들은 수능에서 좋은 결과를 받는 일과는 무관하지만 과정과 성장에 집중한다는 측면에서 봤을 때 '역량'을 기르는 일이 됩니다. 앞서 말씀드린 예체능 활동이나 여행을 통해 길러지는 것은 역량이고 이것을 그대로 학업에 적용하면 그것이 학종을 준비하는 방식이 됩니다.

학종은 학교생활을 하며 학업이라는 본질에 충실한 것이 언제나 먼저입니다. 학업능력이 실력이고 기초체력이 되는 것이지요. 여기에 자신이 '하고 싶은 공부'에 대한 노력이 추가 됩니다. 혹은 자신의 진로와 관련된 지식을 알고자 하는 행동이라 할 수도 있습니다. 자기주도적으로 흥미를 탐색하는 역량인 것이죠. 그리고 마지막으로는 이 과정에서 학급 친구들과 소통하며 협력할 수 있는 역량이 필요합니다. 우리는 관계 속에서 살아가기 때문입니다. 대부분의 대학이 학종의 평가요소로 삼고 있는 학업역량, 진로역량, 공동체역량이 바로 이러한 역량을 함축적인 단어로 정리한 것입니다.

초등학교 시절에는 이 세 가지 역량 중 하나만 얻어가는 활동을 한다고 목표를 잡아도 좋을 것 같습니다. 운이 좋게도 이 세 가지 모두를 하나의 활동을 통해 경험한다면 아이는 몸으로 탐구력을 체득하고 있는 것과 다름없습니다.

이때 다양한 활동을 올바른 방향으로 이끌어준다면 단순한 취미를 넘어, 학종의 3대 평가요소(학업역량, 진로역량, 공동체역량)와 긴밀하게 연결할 수 있습니다. 각 활동에서 '기본 실력→자기주도적 선택→협력 경험'의 순서로 성취 기준을 세우고, 이를 꾸준히 쌓아나가면, 성장의 선순환과 함께 대입에서도 필요한 역량을 미리부터 키워나갈 수 있습니다. 변화하는 입시에도 흔들림 없이 중요한 것은 '최상위권 실력'이 아니라, 꾸준한 노력과 자기주도성, 협력의 경험을 균형 있게 갖추는 것임을 잊지 말아야 합니다.

3장

미리 준비하는
엄마표 탐구력 수시 로드맵

1
진로역량의 기초가 되는 초등학교 5, 6학년

공부의 동기가 되는
진로역량

'중2병'이라는 말을 아시나요? 어떻게 보면 사춘기를 대신하는 말이기도 하지만, 한편으로는 본격적으로 아이의 정서적 자립이 시작되며 부모와의 마찰이 심해지는 시기를 뜻합니다. 이때의 아이와는 정말 사소한 것으로도 싸우고 또 부모가 보기에 말도 안 되는 일을 곧잘 벌이기도 하죠. 그런데 우리가 두려워해야 하는 것은 중2병만이 아닙니다. 요즘 중2병보다 더 무서운 병이 있다고 합니다. 다름 아닌 '대2병'입니다.

대2병은 '소포모어 징크스', '소포모어 슬럼프'라고도 불리는데요. 원래는 '성공적인 첫 작품이나 활동에 비해 그 후속작이나 활동은 부진한 경우'를 뜻하는 말입니다. 대학생의 경우 첫 1학기 이후 학문에 대한 열의가 떨어지고 성적이 부진해지는 등 방황하게 되는 현상입니다. 심지어 서울대에 진학한 학생들도 자신의 전공과 적성이 맞지 않거나 공부를 더 해야 할 이유를 찾지 못해 어려움을 겪는다고 하는데요. 2024년 1월 서울대학교 대입정책포럼의 한 발표에서 이러한 양상이 어떻게 나타나고 있는지 확인할 수 있었습니다.

서울대 입학사정관은 2019년~2023년 사이 대학교별 학생들의 중도 탈락 규모를 나타내는 그래프를 통해 중도 탈락 규모가 꾸준히 증가하고 있다는 것을 보여주었습니다. 그뿐만 아니라 그래프가 급격히 상승한 2022년의 경우 정부의 대입정책에 의해 정시 모집인원을 40%까지 확대한 해였다는 것을 언급하며 1학년 휴학, 1학년 자퇴, 정시 모집 재지원 증가를 전공 충실도 감소의 근거로 제시하였습니다. 학종에 비해 정시의 경우 자신의 진로와 상관없이 성적에 맞춰서 학과를 지원하게 되는데, 그 비율이 증가함에 따라 중도 탈락자가 증가하였다고 본 것이지요. 즉, 자기 자신에 대해 잘 알지 못하거나 자신의 진로 방향에 대한 고민이 없이 선택한 결정은 대학에 입학한 이후에도 끊임없이 영향을 미친다는 것입니다.

부모가 컨설턴트와 다른 것은 우리에게는 대2병이 더욱 위협적이라는 것입니다. 대입 전보다 대입 후가 진짜 인생의 시작이라는 것을 부모는 누구보다 잘 압니다. 중2병으로 공부를 할 시간을 날려버리는 것은 아깝지만 다시 정신을 차렸을 때 열심히 복구해 나갈 수 있습니다. 정 안되면 재수를 해서라도 공부를 더 채워갈 수도 있지요. 하지만 자신의 진로를 잃어버린 자식이 멀쩡히 좋은 대학에 가서도 무엇을 하며 살고 싶은지 알지 못해 방황하고, 억지로 대학을 졸업한 뒤 일을 하면서도 자신의 직업으로부터 긍정적인 영향을 받을 수 없게 된다면 부모는 자녀를 키우며 가졌던 교육관을 되돌아보게 될 것입니다. 그리고 자기 자신을 탓할지도 모릅니다. 언제부터 중요한 것을 놓쳤던가 하고 말이죠.

공부의 동기가 되는 진로역량

'꿈이 있어야 힘든 공부의 과정을 뚫고 지나갈 수 있습니다!'라는 이상적인 말씀을 드리고 싶은 것은 아닙니다. 꿈을 크게 가진다고 큰 사람이 되는 것이 아니라는 것을 이미 다들 경험하셨지 않습니까. 초등학생 때 대통령과 과학자를 꿈꾸던 저의 친구들은 대다수 회사원이 되었고, 저는 가정을 돌보고 있습니다. 하지만 아이를 키우며 대통령 못지않게 교육정책을 비롯한 내 아이가 살아갈 미래의 대한민국에 대해 관심을 갖게 되었고, 매일 임상실험을 하는 과학자와 같이 시행착오를 겪으며 아이에 대한 연구를 하고 있습니다. 엄마의 삶에 에너지와 열정이 남아돌아서가 아니라 아이의 미래가 소중하고 그것에 대한 관심이 나에게 즐거운 일이기 때문입니다. 아이들도 똑같을 것입니다. 소중하고 관심이 가는 즐거운 일이 있다면 그것을 위해 시간과 신체적, 정신적 노력을 아끼지 않겠죠.

초등학교 시기의 아이한테서는 자신이 잘하는 영역이 있을 때 자신감이 올라가고 그 영역과 관련된 진로를 생각하는 모습을 쉽게 발견할 수 있습니다. 예를 들어, 오늘 친구들과의 축구 경기에서 두 골을 넣었다면 우리 팀의 승리에 기여한 나의 모습이 자랑스럽고 나아가 축구 선수가 되는 것도 좋을 것 같다는 생각을 하게 되는 식이죠. 진로의 방향을 정하는데 깊은 사유가 필요하지 않은 시기입니다. 그저 내가 잘하는 것, 좋아하는 것, 자신감이 있는 분야를 탐색하고 찾는 시간을 갖는 것이 이 시기 진로역량이라 말할 수 있습니다. 콕 집어 어떤 직업이나 분야를 정하지 못해도 상관없습니다. 개인의 흥미가 활동의 목표가 되는 것으로 충분합니다. 부모로서 조금 더 도와줄 부분이 있다면 현장체험이나 진로 탐색의 기회를 마련해 주고 참여하도록 안내하는 것 정도입니다. 그것만으로도 이 시기 아이들에게는 도움이 됩니다.

중학교에 가면 자유학기제를 지나며 자연스럽게 '진로'라는 단어에 무한히 노출됩니다. 고등학교에서는 고교학점제를 통해 자신이 수강할 수업을 구성해야 하는 우리 아이들에게 '진로'라는 것은 이전과는 비교할 수 없을 만큼 커다란 영향력을 미치게 될 예정입니다. 그리고 학종에서 역시 '진로'는 핵심적인 부분입니다. 이제는 정시에도 면접 평가가 강화되면서 자신의 희망 학과와 자신의 학업적 노력 간의 관계를 설명해야 하는 순간들이 찾아올 것입니다.

초등학생의 진로 탐색 필요성

아무리 진로에 대한 중요성이 커졌다고 해도 초등학생부터 진로 탐색을 위해 노력해야 하는지 의문이신 분들이 여전히 계실 거라 생각합니다. 이런저런 근거가 통 마음에 들지 않는다면 진로 탐색의 시간을 갖는 것이 수시전형을 위한 준비라고 단순하게 받아들이셔도 좋을 것 같습니다. 물론 그 이유가 전부는 아니지만 그렇게 해서라도 진로에 대해 진지하게 고민해 볼 수 있다면 훗날 충분히 그 효과를 보실 거라고 장담할 수 있습니다.

하지만 본질적으로는 '내 아이가 언젠가는 진지하게 고민해야 할 과업'이라고 봐주시는 것이 더 현명할 것 같습니다. 진로 탐색은 머리가 좋거나 공부를 잘하는 아이에게만 해당되는 영역이 아닙니다. 성인이 된 후에 진로에 대한 고민을 본격적으로 하는 케이스도 주변에서 어렵지 않게 접하실 수 있습니다. 그렇기에 실제로 진로 탐색의 시기가 정해져 있는 것은 아닙니다. 그러나 어려서부터 진로 탐색에 충분한 시간을 투자한 사람일수록 그렇지 않은 사람에 비해 우위가 생길 것입니다. 고등학생들은 기대에 못 미치는 내신 성적과 그로 인해 낮아진 자존감 때문에 합격 가능성이 높은 전공으로 진로 선택을 하려고 합니다. 자신의 진짜 진로는 꺼내보지도 않고 불가능하다고 생각하고 말죠.

아이의 특성에 기인한 진로 설정

초등 시기에 진로 탐색에 앞서 선행되어야 하는 것이 하나 있습니다. 바로 '자기 이해'입니다.

천문학자 심채경 박사가 '알아두면 쓸데없는 지구별 잡학사전(알쓸별잡)'이라는 프로그램에서 이야기한 내용인데요. 가끔 과학자가 되고 싶은 학생들이 고민을 이야기한다고 합니다. "저는 천문학을 하고 싶은데 어떻게 하면 되나요?", "물리를 잘 못하는데 과학자가 될 수 있을까요?" 그럴 때 심채경 박사는 과학자가 되는 과정에 대해 알고 있는지를 묻는다고 해요.

과학자라는 것은 석사, 박사과정을 지나야만 시작을 할 수 있는 직업이라는 것, 그러므로 20대 내내 연구실에서만 있어야 한다는 것, 그 사이 다른 친구들은 취업하고 돈을 벌 텐데 나는 계속해서 학생으로 지내야만 한다는 것, 그리고 그 시간이 시간이 꽤 길다는 것을 알고 있냐는 것이지요. 그 뒤에 숨겨진 진짜 질문은 '그런 시간을 잘 견뎌낼 수 있는 사람인지 너 자신을 아는 것이 먼저'라고요. 이처럼 자기 이해를 높여가는 것이 진로 탐색의 출발점입니다.

초등학교 시기에 자기 이해를 높이기 위해서는 엄마의 도움이 필요합니다. 아직 자신의 모습을 객관적으로 보기도 어렵고 아는 것과 모르는 것을 구분하기에도 부족한 상태인 초등학교 아이들은 스스로를 평가하지 못합니다. 그러므로 엄마가 아이의 행동을 관찰하고 기록해 두는 것으로 아이의 자기 이해를 도와줄 수 있습니다. 저같은 경우 말을 막 떼기 시작한 영아기에는 아이가 너무 사랑스러워 처음으로 소리 내어 말한 단어를 핸드폰 메모장에 적어두기도 했었는데요. 키는 훌쩍 컸지만 여전히 마음은 어린 자녀를 위해 사소한 것이라도 아이가 잘하거나 즐거워하는 것을 기록해 두고 있습니다. 만약 강점이 확실한 자녀를 두신 경우에는 이 일이 좀 더 수월하겠지만 그런 경우는 소수에 불과할 것입니다. 아직 뚜렷한 재능이 보이지 않는 아이라고 하여도 엄마의 눈에는 기록할 만한 아이의 인상적인 모습이 분명히 있을 것입니다. 이때는 교과 공부와 꼭 연관 짓지 않아도 좋습니다. 진로와 공부를 분리하면 오히려 아이의 강점이 더욱 잘 보입니다.

- 친구들 사이에서 갈등을 중재한다.
- 모르는 사람에게 말을 잘 건다.
- 한번 지나간 길을 잘 기억한다.
- 처음 보는 음식에 호기심이 많다.
- 등장인물이 많이 나오는 책도 잘 이해한다.
- 책의 결말을 잘 맞춘다.

아이의 이러한 모습은 부모가 아니면 절대 알 수 없는 것이지만 특별한 재능으로는 보이지 않을 수 있습니다. 하지만 이런 작은 특징들이 우리 아이가 성인이 되어 자신의 삶에 만족하는 결정을 내릴 때 도움이 될 수 있습니다. 때로는 전쟁 같은 하루를 보내고 온 아이에게 잠자리에서 사실에 근거한 응원을 해준다면 더욱 좋겠죠. 고학년이 될수록 아이에게 허튼 칭찬은 통하지 않습니다. "너는 정말 책의 결말을 잘 맞추더라. 책 내용을 전체적으로 이해하는 건 생각을 많이 해야 하는 일이야. 생각을 많이 할 수 있는 능력이 너에게 있는 거야"라고 아이의 특성에 근거한 논리적인 칭찬을 해주는 것이 아이에게 더욱 큰 힘을 줄 수 있습니다. 아주 사소한 아이의 습관이나 행동들을 누적해서 이야기하면 아이 또한 그 결과를 납득할 수 있을 것입니다. 그러다 아이 혼자 마주치게 된 어떤 책이나 인물, 또는 교과서 속 한 챕터에서 '나는 이런 일을 해보면 어떨까?'라는 마음이 들게 된다면 그것이야말로 아이에게 꼭 필요한 진로 인식이 될 것입니다.

학종의 학생부는 다른 사람과는 구분되는 차별점을 갖는 것이 필요한데 이 차별점은 바로 아이의 특성에서부터 나옵니다. 초등학교 시절에도 아이들 사이에 유행하는 희망 직업이 있듯, 입시를 앞둔 많은 아이들이 유사한 전공과 직업을 목표로 삼습니다. 한 반에 컴퓨터 공학을 희망하는 아이들 한 그룹, 화학 전공을 희망하는 아이들 한 그룹,

경영학과 지망자 한 그룹이 나타나는 형상입니다. 같은 전공을 희망하는 아이들의 학생부 세특이나 진로활동은 자칫하면 유사해질 수가 있습니다. 대학에 지원한 지원자들 사이에서 차별점을 보여야 하는데 이미 같은 반 친구와 유사한 내용을 담은 학생부가 만들어지고 있다면 무언가 잘못되고 있다는 신호입니다. 컴퓨터공학을 희망하는 A학생은 동아리 활동으로 프로그래밍 언어를 배우고 응용해 보는 활동을 합니다. B학생은 사이버 검열에 대한 관심을 가지고 있어서 사이버 보안과 관련된 사례를 분석합니다. 빅데이터 문제의 해결을 위해서는 다양한 빅데이터 분석기법을 더 알아야겠다는 생각으로 컴퓨터공학과에 관심을 갖게 됩니다. 이렇게 같은 전공 안에서도 A의 경우 통상적으로 생각하는 컴퓨터공학과 관련 활동들을 한다면 B의 경우 자신의 관심사가 이끄는 활동을 하게 됩니다. 아이의 특성으로부터 시작된 자신만의 동기가 있기 때문입니다.

아이의 특성을 아이 스스로 잘 알게 해주는 것은 아이가 겪어야할 수많은 결정에서 훨씬 정확한 판단을 할 수 있게 해주며 진로에 있어서도 확신을 가질 수 있게 도와줍니다. 일상을 함께 하는 엄마의 작은 관찰로부터 이러한 긍정적인 변화가 시작될 수 있습니다.

확장된 자기주도학습

시켜서 하는 공부, 시켜서 가는 학원은 컨디션이 좋을 때는 무탈하게 잘 다니지만, 몸이 좀 피곤하거나 오늘은 친구들이 다 모여서 노는 날인데 나만 못 나가게 되면 그 원망이 모두 엄마에게 향하게 됩니다. 그럼 공부도 그만해 버리고 싶어지죠. 학생으로서 많은 시간을 써야 하는 것이 공부인 상황에서, 아이는 공부에 대한 주도권이 자신에게 없을 때 무기력해집니다. 아이들이 미성년인 동안은 안전상의 이유로 자신의 인생에 대한 결정권과 통제권을 모두 보호자에게 의탁할 수 밖에 없습니다. 그런데 공부만은 자기주도적으로 해보라는 것이 과연 잘 이해될까요?

학종에서 가장 중요한 평가 기준인 '탐구력'은 아이러니하게도 결국 아이 스스로 공부를 주도할 수 있는 힘이 없으면 도달할 수 없는 지점입니다. 아이의 탐구력을 키워주고 싶은 부모라면 아이가 시키는 대로만 움직일 것을 기대해서는 안 됩니다. 탐구력의 기초가 되는 자기주도학습을 아이가 체득하게 하기 위해서는 아이가 자율권을 발휘할 수 있는 공간을 내어주는 것이 필요합니다.

그래서 초등학생 때는 공부라는 개념을 조금 다르게 접근해 볼 필요가 있어 보입니다. 고등학생이라면 학습은 내신 공부와 수능 공부를 중심으로 정의해야겠지만 아직 인간으로서 갖춰야 할 기본 소양을 배우고 있는 초등학교 고학년에는 학습의 개념을 확장하여 생각해야 합니다. 학습이나 공부 모두 교과서 개념 안에서의 문제라는 인식을 깨버리고 내가 좋아하는 주제를 찾아서 알아나가는 과정을 '학습'이라고 정의하는 것이지요. 요즘 '덕후'라는 말을 많이 쓰는데요. K-pop 아이돌의 팬도 덕후이고, 애니메이션을 좋아하는 것도 덕후라 부를 수 있습니다. '덕후'는 '지적 호기심'과 공통점이 있습니다. 바로 자신의 관심사를 깊게 파본 경험을 갖는다는 것입니다.

만약 웹툰을 좋아하는 친구가 있다면 웹툰을 보는 시간을 빼앗기보다는 웹툰 작가를 만날 수 있는 전시회나 원화전 방문과 같이 여러 기회들을 찾아서 행동할 수 있도록 도와주는 것이 바람직합니다. 막상 웹툰 작가들이 그림을 그리는 일 이외에도 영감을 얻기 위해 독서나 문화 탐방, 여행, 박물관, 미술관 방문 등에 많은 시간을 쏟았다는 것을 발견할지도 모릅니다. 운동에 미쳐 있는 남학생이라면 친선 대회를 통해 실력을 겨뤄보기도 하고 대회 준비 과정을 경험해 보는 것도 학습이 됩니다. 오히려 이런 기회를 통해 현실적으로 내가 할 수 있는 일이 무엇인지를 깨닫는다면 앞으로 공부하는 데 있어서 큰 원동력이 될 것입니다. 부모의 눈에는 이 길이 아니라는 것이 뻔히 보이지만 아이돌을 꿈꾸고, 그것을 위해 진심 어린 열정을 쏟는 친구들도 많습니다. 차라리 보컬 테스트나 댄스 테스트 등 오디션을 보게 해주시는 게 이 시기에는 오히려 적합한 지원이 될 것입니다.

이러한 경험을 통해 적어도 아이는 문제해결의 과정을 경험합니다. 이런 경험 없이 아이가 좋아하는 일을 막으려고만 한다면 아이는 문제아처럼 여겨지게 될 텐데 그것보다는 훨씬 낫다고 생각합니다. 내가 주인인 학습의 영역(그것이 댄스든, 웹툰이든, 스포츠든)에서 문제해결을 위해 스스로의 방식대로 노력해 본 경험이 결국 자기주도학습이 될 것이고요. 좋아서 열정을 쏟고 싶은 일을 찾았다고 해도 그 분야에서 무조건 승승장구하는 것은 아니기 때문에 그 과정에서 시련과 좌절의 드라마가 나타나겠죠. 그것 또한 대환영입니다. 작은 성공과 작은 실패는 언제나 인생에 약이 됩니다.

학교에서 이루어지는 '학생 자치 활동'은 학생 중심의 활동이라는 뜻이지요. 하지만 학교에 막상 의견을 내면 담임선생님의 이유 있는 거절, 학교 여건상 불가능한 일이라 거절, 공동체에서 다수결에 의해 수용되지 않는 거절 등 실제로 원하는 일을 설득하고 실행시키는 것은 참으로 어렵습니다. 처음에는 분하기도 하고 저항 의식이 생기지만 이런 활동을 통해 배우는 것이 하나 있습니다. 바로 '현실적'으로 가능한 의견 수용 범위를 익히는 것, 바로 현실감이지요. 현실감과 자기주도학습은 선후관계가 성립합니다. 현실감이 먼저 와야 자기주도학습이 이루어져요. 아이들은 현실적으로 자신이 할 수 있을 것 같은 일만 하기 때문이지요. 매일 학습지 두 장씩 풀기는 할 수 있지만 하루에 문제집 한 권 다 끝내기는 현실감이 없으므로 처음부터 할 수 없는 일이거든요. 처음에는 무턱대고 무모한 목표를 세웠다가 점차 나의 능력과 영역을 인지하기 시작합니다. 내가 변화를 만들 수 있는 수준을 인식하고, 그에 맞는 도전을 받는 것이 매우 중요합니다.

초등학교 고학년 시기를 거쳐 중학교로 넘어가면서 아이들은 자연스레 현실에서 자신이 잘할 수 있는 일(job)에 대해 고민하게 될 것입니다. 그렇기 때문에 초등학교 시기에 해야 할 것은 오히려 현실감 없는 도전과 경험입니다. 아마 부모는 평가절하했던 아이의 재능이 확장된 자기주도학습에서 갑자기 도드라지는 케이스도 분명히 있을 것입니다. 아이가 좋아하는 일에 부모의 정서적 지지를 보여주세요.

자기주도학습의 시작은 '시간 관리'

2025년부터 적용되는 '2022 개정 교육과정'은 '자기주도성'에 대해서 강조하고 있습니다. 자기주도성은 고교학점제에 필요한 능력이고 중학교의 자유학기제에서도 요구되는 능력입니다. 하지만 사교육 현장에서 학생들을 만나고 계신 선생님과 이야기를 나눠보면 자기주도적인 아이는 찾기 어렵고 '엄마주도적'인 아이는 정말 많이 만날 수 있다고 하십니다. 엄마의 지나친 적극성도 문제지만 엄마가 적극적인 만큼 아이는 아무 생각을 하지 않게 된다는 부작용에 그 심각성이 있습니다.

　엄마주도학습을 하는 아이들은 엄마의 계획하에 움직이기 때문에 자기 스스로 계획하여 공부할 수 있는 시간 자체가 없습니다. 중학교와 고등학교에서는 독립적인 아이들이 학교생활을 더 잘 해낼 수 있습니다. 교내 프로그램 신청이나 수행평가, 교내 수상까지도 엄마의 도움 없이 스스로 해내는 아이들이 눈에 띄게 됩니다. 중학생다운 독립심을 갖게 하려면 초등학교 고학년 시기부터 아이에게 조금씩 주도권을 넘기기 시작해야 합니다. 무 자르듯 단번에 독립을 시킬 수 없으므로 점진적으로 아이가 자기주도학습을 할 수 있도록 가이드라인을 주는 것이 필요합니다.

　아이에게 스스로 계획할 수 있는 시간을 주고 그것을 계획하는 방법을 알려줘야 합니다. 즉, 자기주도학습의 시작은 바로 '시간 관리'임을 깨달아야 합니다. 수험생들이 하는 10분 단위의 공부 계획을 세울 필요는 없지만 주 단위, 일 단위로 나의 시간과 해야 하는 과업들을 정리하고, 그 일을 하는데 얼마만큼의 시간이 필요한지를 가늠하도록 해주세요. 시간 감각을 기름과 동시에 자신의 과업 처리 속도를 알게 될 것입니다. 이 지점이 가능해야만 중학교에 가서 지필고사 준비와 수행평가를 병행할 스케줄을 스스로 세울 수 있고 고등학교에 가서는 자투리 시간에 해야 할 일들을 처리하며 바쁜 일정에 균형을 잡는 아이로 성장할 수 있습니다.

2
학생부 비교과 활동의 실전 중학교 1, 2학년

학교생활기록부
관리 능력 키우기

중학교에 들어가면 아이가 어느 정도 자립할 것이라 기대하게 됩니다. 그러나 현실은 다릅니다. 정돈되지 않은 책가방, 그날그날 주어진 일만 겨우 해내는 모습을 보며 부모는 때로 당황하게 됩니다. 이런 아이에게 '학교생활기록부'란 말은 아직 너무 먼 이야기입니다.

학생부는 담임선생님과 과목 교사들이 작성합니다. 기록의 권한은 학교에 있지만, 그 기록을 만들어내는 활동과 태도는 학생에게 달려있습니다. 그렇기에 아이에게 필요한 것은 '작성하는 능력'이 아닌, 기록될 준비를 하는 능력, 즉 '관리 능력'입니다. 기록의 기회는 활동을 어떻게 준비하고 임하느냐에 따라 결정됩니다. 좋은 활동을 해도 교사의 눈에 띄지 않거나 정리되지 않으면 기록으로 남지 않을 수 있습니다. 반대로 작은 활동이라도 의미 있게 정리하고 공유하면 충분히 학생부에 기재될 수 있습니다.

학생부 관리, 어렵지 않게 시작하기

저희 아이는 축구 카드를 모읍니다. 카드 정리용 스크랩북을 구입해 좋아하는 카드와 희귀한 카드, 평범한 카드로 분류한 뒤 새 카드를 얻으면 기준에 따라 다시 정리합니다. 이 과정을 반복하며 아이는 자신만의 정리 기준과 기록 방식을 만들어갑니다. 관리를 위해 전제되어야 하는 것은 바로 주인의식입니다. 아이는 자신이 축구 카드의 주인이기 때문에 이것을 누구보다 소중히 여기며 적절한 장소에 스크랩하여 보관합니다.

마찬가지로 학생부 관리의 출발점은 학생부에 대한 주인의식입니다. 기록은 교사가 하지만, 학생이 스스로 점검하고 정리하는 주체가 되어야 합니다. 활동의 의미를 스스로 찾아보고 정리하는 과정은 탐구력의 시작이기도 합니다. 정리의 주체는 많은 고민을 하게 됩니다. 이번 국어 수행평가 주제는 무엇인가? 동아리 활동은 어떤 방향으로 기록되는가? 내가 참여한 활동은 학업 또는 진로와 어떤 연결점이 있는가? 등 어떤 것이 기록되는지 생각하고 질문해야 합니다. 그 과정에서 활동 하나하나를 학생부의 언어로 연결해 보는 능력이 길러지게 되는 것입니다. 중학교는 시행착오를 해볼 수 있는 시기입니다. 실수를 두려워하기보다 관리의 감각을 키우는 데 집중해야 합니다.

중학교에 입학하면 아이들은 자유학기를 먼저 경험합니다. 자유학기제 동안 지필고사가 없다는 특수한 상황이 벌어지기 때문에 아이들은 '잠시 쉬어가도 좋은 시기'라고 착각하기 쉽습니다. 그러나 자유학기제 기간에도 모든 교과에서 관찰 평가와 수행 과제는 계속 이루어지고 있습니다. 따라서 자유학기제를 '쉬는 시기'가 아니라 '활동의 주도권을 가져오는 시기'로 인식할 수 있게 도와주는 것이 중요합니다.

중학교에서는 학생의 자율성과 흥미를 바탕으로 참여할 수 있는 다양한 프로그램들이 학년별 또는 담임선생님 주도로 운영됩니다. 예를 들어 소규모 프로젝트형 활동, 주제 탐구 기반의 독서 발표, 교내 실험 대회나 진로 체험활동 등은 모두 자발적 참여를 전제로 한 비교과 활동들입니다. 이런 활동들은 정규 수업과는 다르게 학생이 주도권을 가질 수 있기 때문에, 적극적으로 참여하면 자기주도성과 탐구역량을 키울 수 있는 기회가 됩니다. 부모는 이러한 기회를 발견하고 참여할 수 있게 도와주는 사람이 되어야 합니다. 교내 프로그램에 대해 관심을 가질 수 있도록 정보를 함께 확인하고 일정을 잡아주는 것만으로도 아이의 참여 태도를 바꿀 수 있습니다.

중학교 시기에 자발적 참여 경험을 쌓은 아이는 고등학교에 진학해서도 자기주도적인 태도로 비교과 활동에 임할 가능성이 높습니다. 그렇기에 중학교에서의 작은 참여가 고등학교에서의 진짜 성장의 발판이 된다는 점을 기억해 두면 좋겠습니다.

학생부 관리 습관, 이렇게 만들어주세요

학생부를 관리할 때 부모가 도와줄 수 있는 부분이 있습니다. 활동이 끝난 후 아이와 함께 '오늘 뭘 배웠는지', '무엇이 흥미로웠는지' 이야기 나눠보는 것입니다. 또 아이가 쓴 수행평가나 과제를 함께 읽고, 장점과 개선점을 짚어주며 과제가 좀 더 나아질 수 있는 방향을 제시할 수 있습니다. 그리고 자유학기제 활동을 하며 어떤 활동이 기록에 남을지 아이와 함께 미리 생각해 봄으로써 자유학기제에 임하는 아이의 태도를 보다 진지하게 이끌어줄 수도 있습니다. 이 모든 과정을 거친 뒤, 학년 말에 학생부를 함께 읽는 시간을 가져보세요. 겉으로는 관심 없어 보여도 내 기록을 스스로 들여다본 아이는 분명 태도가 달라집니다. '이 서류가 나중에 대학 입시에 쓰일 수 있다'는 사실을 아이가 실감하게 된다면, 기록에 대한 책임감이 생길 것입니다.

중학교 시절은 실수해도 괜찮은 시기입니다. 그렇기 때문에 탐구하기에도 좋은 시기이지요. 관심 있는 활동에 마음껏 열정을 쏟아보고

학생부 기록의 원리를 익히고, 시행착오를 겪어야 합니다. 문제는 관심을 놓는 것, 대충 넘기는 것입니다. 이 시기부터 기록을 인식하고 관리해 보는 경험을 해야 고등학교에서 자연스럽게 학생부를 준비할 수 있습니다. 특히 중학교 시절의 다양한 활동 속에서 질문하고, 관찰하고, 연결해 보는 힘은 고등학교의 심화 탐구 활동으로 이어질 수 있는 중요한 기반이 됩니다.

학생부의 본질은 '관리'입니다. 컴퓨터와 대화하려면 코딩을 배우듯, 학생부라는 문서와 대화하려면 기재 방식과 통로를 이해하고 활용할 줄 아는 감각이 필요합니다. 부모의 작은 관심과 피드백이 아이의 주인의식을 키우고, 그 주인의식이 아이를 성장시킵니다. 오늘 아이가 쓴 짧은 수행평가 한 줄, 자유학기제 발표 수업 한 장면이 미래의 학생부에서 반짝일 수 있다는 사실을 아이도 부모도 함께 기억하셨으면 좋겠습니다.

비교과 활동을
풍성하게 만드는 독서

아무리 많이 해도 탈이 나지 않는 선행이 있다면 그것은 '독서'입니다. 하지만 수학과 영어 선행은 많이 해도 독서에 시간을 많이 쏟는다는 것은 현실적으로 참 어려운 일이지요. 그런데 고등학교에 가면 이 시간이 더욱 부족해집니다. 그렇기 때문에 고등학교에 가기 전 꼭 해야 하는 일이 있다면 바로 독서와 글쓰기입니다.

책을 제대로 읽을 줄 아는 중학생이 되면 우선 교과서를 이해하는 데 큰 도움이 됩니다. 교과서에는 전문이 아니라 일부만 발췌되어 지문이 나오기도 하고, 많은 내용을 담기 위해 요약적으로 글을 정리하여 제시하기도 하는데요. 책을 통해 확보하게 된 배경지식은 부분이 아니라 전체를 바라보고 이해할 수 있는 힘을 길러주기 때문에 학습에 훨씬 유리합니다. 하지만 이번 장에서는 교과서를 위한 독서를 말하려고 하는 것은 아닙니다. 독서의 효과에 대한 좋은 콘텐츠들은 세상에 많으니까요. 저는 수행평가와 학종의 비교과 활동을 잇는 독서란 무엇인지에 대해 살펴보고자 합니다.

독서 자체가 목적인 독서에서 벗어나기

과거에는 학생이 읽은 책의 목록을 가지고 여러 가지 평가가 이루어졌습니다. 그래서 독서 리스트가 과장되는 경우도 있었고 합격자가 읽은 책이 베스트셀러인 것처럼 읽히기도 하였습니다. 하지만 지금 학종에서 필요한 독서는 더 이상은 독서 리스트가 아닙니다. 자료 수집의 원천 중 하나가 '책'이라는 생각의 전환이 필요합니다. 비교과 활동에서 책은 쉽게 말하면 '교과서는 아니지만 교과서가 되어주는' 역할을 해야 합니다. 교과서가 개념을 중심으로 내용을 골고루 정리해 둔 것이라면, 독서는 책을 통해 교과서에 나와있는 여러 가지 개념 중 하나를 깊게 탐구할 수 있는 도구입니다. 찾고 싶은 정보가 있을 때, 그 내용을 담고 있는 정보원을 찾아 읽어봄으로써 스스로 학습을 확장해 나가는 자료 창고로 쓰는 것이지요. 실제로 서점에서 책을 고를 때를 생각해 보면, 저 역시 저에게 필요한 내용을 담고 있는 책을 찾는 경우가 많습니다. 인간관계에서 상처를 받았을 때는 그런 나를 위로하는 책을, AI에 대한 관심이 생겼는데 이것이 좀처럼 무엇인지 감이 잡히지 않을 때는 새로운 기술에 관한 책을 찾습니다.

이처럼 아이들도 자신이 공부하면서 접한 새로운 정보에 대해 더 자세하고 전문적인 내용을 원할 때 책을 활용해야 합니다. 재미를 위한 독서를 할 수 있는 친구라면 더할 나위 없이 좋겠지만 타의에 의해 책을 읽어왔던 친구들은 책을 지식 확장의 수단으로 생각하지 못합니다. 하지만 독서 본래의 목적은 내가 궁금한 것들을 해소해 주는 것, 새로운 지식을 배울 수 있게 해주는 것임을 중학교에서는 깨달아야 합니다.

요즘처럼 바쁜 아이들에게 무한대로 독서 시간을 쥐여주기는 쉽지 않습니다. 여유롭게 지식의 바다에 몸을 던지며 수영을 하고 있을 시간이 없는 것처럼 느껴지지요. 당장 더 나은 비교과 활동 산출물을 내고자 하는 욕심이 있을 때 우리는 전략을 세울 수밖에 없습니다. 일단 학생부를 위한 독서를 한다면 자신의 진로와 관련된 좋은 책을 고르는 것을 추천합니다. 이것이 초등학교 시절의 독서와는 구분되는 지점입니다. 정확히 진로와 맞아떨어지지 않아도 관련이 있거나 그 분야의 입문자에게 좋은 책이라면 모두 도움이 됩니다.

혹여나 진로에 대한 확신이 아직 없는 상황이라면 교과목 관련 추천도서 리스트를 따라서 편안하게 독서를 시작해 나가도 좋습니다. 더불어 수행평가 주제에 맞는 자료 수집을 위해 하는 독서도 적극 추천합니다. 한 장의 보고서만 만들어 제출하면 그만인 수행평가이기에 블로그와 기사 몇 개를 읽고 내용을 정리해 버리는 학생들이 많습니다. 그래서 많은 학생들의 수행평가 보고서의 내용이 중복되는 경우도 생깁니다. 앞서 말씀드린 것처럼 대입에 있어서 학생부의 '차별성'은 중요한 평가의 포인트가 됩니다. 그런데 짧은 검색에 만족하며 다들 비슷한 내용의 보고서를 제출한다면 차별성을 가지는 것이 불가능합니다. 이때 가장 쉽고 편한 도구가 바로 책을 활용하는 것입니다. 책 한 권을 다 읽고 숙제를 하는 게 어렵다면, 필요한 내용이 담긴 부분만 발췌독한 뒤 이 내용을 보고서에 반영해 다른 보고서와의 질적 차이를 만들어보는 것이 좋습니다. 책이라는 정보원을 활용한 보고서와 그렇지 않은 보고서가 도달하는 지점은 확실히 다를 것이기 때문입니다.

책을 활용하는 것이 능숙해진다면 학술저널까지 욕심을 내볼 수 있습니다. 지금껏 도움이 되었던 책들은 대부분 참고문헌을 가지고 있을 것입니다. 책에서 활용한 참고문헌의 꼬리에 꼬리를 물고 따라가다 보면, 원하던 정보의 깊숙한 곳에 다다를 확률이 높아집니다. 이것이 학술저널이 제공하는 정보의 매력입니다. 해당 분야 전문가의 오랜 고민이 담겨있는 지식을 통해 교과서 그 이상의 지식을 맛볼 수 있습니다.

당연히 처음부터 논문을 읽으라고 하면 읽어낼 수 있는 학생은 없을 거예요. 학위를 취득하려고 내는 학위논문의 경우 300페이지가 넘는 장대한 내용을 담은 경우도 있지만, 학술저널의 경우 10페이지에서 30페이지 내외로 내용이 정리되어 있습니다. 말하자면 책 한 권의 챕터 하나 정도를 차지하는 분량으로 중학생이 읽기에 적합한 양을 제공하고 있지요. 전문적인 연구를 바탕으로 권위 있는 학술지에 게재된 학술저널은 수준이 높아서 그 안의 정보를 완전히 활용하기는 어렵지만 읽으면서 새로운 개념을 배워나가는 것만으로도 충분히 그 가치가 있는 매체입니다. 특히 연구에는 이론적 배경이 있고 가설에 대한 근거를 제시하게 되어 있으니 이 부분을 통해 탐구 주제를 잡는 방법을 눈으로 먼저 익힐 수 있다는 큰 장점이 있습니다. 다만 이러한 학술저널의 경우 검색 자체가 쉽지 않을 수 있습니다. 그럴 때는 원하는 정보의 깊이와 내용에 대해서 이야기 나눈 뒤 관련 분야의 학술저널을 함께 찾아봐줌으로써 정보 접근의 문턱을 낮춰주는 것이 아이에게 큰 도움이 됩니다. 너무 어려운 논문을 찾는 경우에는 "초록이나 표만을 참고해도 좋다"며 숨 쉴 틈을 만들어주는 것도 필요합니다. 중요한 것은 정보의 질이 다르다는 것을 직접 경험함으로써 아이 스스로 그것을 원하도록 만드는 것이지요. 때로는 관심 있는 분야의 지식을 탐독하기 위해 조금은 어렵더라도 깊숙한 내용을 꺼내서 볼 수 있는 용기가 있어야 합니다. 이런 종류의 자료에 꾸준히 노출된다면 고등학교에서 탐구과제를 할 때 참고하는 자료의 수준을 높일 수가 있습니다.

독서 동기 → 독서 → 독서 후기

앞에서도 언급한 것처럼 독서 자체가 목적인 독서는 학생부에 큰 도움을 주지 못합니다. 책을 읽었다면 그 뒤의 활동에 초점을 맞춰야 합니다. 이만큼만 할 수 있어도 학생부에 나타나는 활동의 질은 한 단계 업그레이드 됩니다. 그러나 여기에서 또 하나의 차별점을 만들고 싶다면 필요한 것이 '독서 동기'를 갖는 것입니다. 우리는 귀에 못이 박히도록 독서의 중요성을 들어왔습니다. 아이들도 독서는 어쨌든 해야 하지만 하기 싫은 것이라고 생각하고 있지요. 그렇다면 독서를 '해야 하는 것'으로 생각하기 이전에 독서의 '동기'가 무엇인지 생각해 보게 해야 합니다.

사실은 독서의 동기를 찾는 것부터 독서 활동의 시작이라고 해도 과언이 아닙니다. 왜 이 책을 읽게 되었는지, 그 이유가 자기주도적이라면 그 독서는 성공할 수밖에 없습니다. 이 책을 선택한 동기가 있다면 이 책을 다 읽은 뒤에는 책을 읽은 동기가 해소되었는지를 확인하게 될 것입니다. 동기가 있는 아이는 책을 읽는 내내 목적에 맞는 내용을 찾기 위해 집중할 수밖에 없습니다. 읽은 후에는 스스로 질문이나 동기에 대한 나름의 결론을 내게 되겠지요. 심지어 이 책을 통해 딱 맞는 답을 찾지 못한다면 다음번에 어떤 책을 읽어야겠다는 기준이라도 생길 것입니다. 이러한 과정을 거친 뒤 책에 대해 기록을 남기는 것은 단순한 독후감과는 차이가 있을 수밖에 없습니다. 질문을 가지고 독서를 시작했기 때문입니다. 질문은 곧 가설이며, 내가 생각한 잠정적 답을 가지고 출발하도록 해줍니다. 책을 읽으면서 그 답이 정말 맞는지, 틀렸다면 어떤 것을 통해 답을 찾을 수 있을지와 같이 다양한 생각의 갈래가 나타나며 다음 책에 대한 방향성까지도 잡을 수 있습니다.

'독서활동상황'이라는 개별 항목은 학생부에서 사라졌지만 독서를 활용할 수 있는 항목들은 오히려 늘어났습니다. 창체, 세특, 동아리 활동 모두 독서의 무대가 된 셈이지요.

독서의 동기가 있는 학생들은 지속적으로 책을 읽으며 자신만의 독서 리스트를 만들어가는 것이 좋습니다. 아직 독서 동기는 없지만 수준에 맞는 독서를 꾸준히 챙겨가고 있는 학생이라면 독서 후 활동보고서를 작성하는 습관을 들이는 것을 추천합니다. 책을 읽은 직후에는 책 내용이 잘 기억나고 무엇이 나에게 깨달음을 주었는지도 명확하지만, 시간이 지나면 모두 휘발되어 버리는 것이 보통입니다. 학생부와 연관 지어 생각해 보자면 독서 후 활동보고서가 독서를 한 증거가 되어주고 학생부 기재의 근거가 되어주기 때문에 훗날 유용하게 쓰일 수 있습니다. 독서를 강조하는 분위기의 학급에서는 수시로 학생들에게 독서록을 제출하도록 합니다. 학교 차원의 지원이 없더라도 SNS에 독서기록장을 올려두거나 블로그를 통해 자신의 독서 기록을 남기는 것도 꾸준히 할 수만 있다면 아이만의 아카이브가 되어 줄 것입니다.

독서 후 작성하는 활동보고서에 들어가야 하는 내용들은 다음과 같습니다. 이러한 내용들을 잘 담은 활동보고서는 분명 아이의 학생부 속 다양한 항목과 시너지를 낼 수 있습니다.

> 1. 책에서 받은 주요 메시지 요약
> 2. 인상 깊은 장면이나 내용 발췌
>   - 형광펜, 포스트잇 등을 활용해 표시하며 읽기
> 3. 새롭게 알게 된 점 또는 기존 인식과 다른 정보 정리
> 4. 그 내용이 나에게 어떤 의미였는지, 개인 의견 첨부
> 5. 책을 읽기 전과 후의 생각 변화
> 6. 핵심 키워드 정리 및 확장
>   - 키워드를 다른 자료와 연결하며 질문과 사고 확장

경험 중심의
진로 탐색

중학생 아이들에게 질문을 해보면 특목고를 준비하는 학생이 아닌 이상 진로 설정이 필요 없다는 이야기를 쉽게 합니다. 특목고 진학을 준비하는 아이들은 면접에서 자신이 고등학교 졸업 이후 어떤 일을 하고 싶은 사람인지까지도 질문을 받습니다. 아이들은 그 자리에서 어떻게든 자신의 목표와 특목고 진학을 연결 지어 설명하게 됩니다. 목표나 진로가 고등학교 진학 이후 변할 수도 있지만, 우선 일단락 지어진 진로 설정은 고등학교 생활에 큰 도움이 됩니다. 무엇보다도 선택과 집중을 가능하게 합니다. 선택지가 없는 것보다 선택지가 너무 많을 때 아이들은 오히려 갈팡질팡 무엇도 결정하지 못합니다. 고등학교 1학년 신입생들이 진로와 관련된 선택 앞에서 고민하고 있을 때, 미리 진로에 대해 고민을 마친 아이들은 자신의 수준에 맞는 활동을 발 빠르게 찾아서 실행합니다. 동아리 선택, 교내 특색 프로그램 선택 및 지원, 자율활동 기획을 선점하기에 훨씬 유리해지는 것이죠.

그러므로 특목고를 준비하는 학생들이 자기소개서와 면접을 위한 시간을 보내는 동안 그렇지 않은 학생들은 경험과 체험의 기회를 찾아 나서야 합니다. 고입을 준비하는 것처럼 스트레스나 부담 높은 활동일 필요는 전혀 없습니다. 재미를 얻을 수 있고, 실패해도 언제든 다시 할 수 있는 종류의 가벼운 활동을 통해서도 아이들은 배울 수 있는 것이 많습니다. 다만 이 시기에는 초등학교에서보다는 한 단계 발전되고 정교한 실행이 수반되는 것이 좋습니다. 예를 들어 여행 계획이나 식물 재배 수준의 경험보다는 프로젝트 형식을 통해 스스로 학습할 수 있는 것들을 추천합니다. 학교에서 마음이 맞는 친구들이 모여 자율 동아리를 만들어 능동적으로 움직인다면 더할 나위 없이 좋습니다. 만약 불가피하게 교내 활동이 어렵다면 외부에 있는 다양한 경험에 도전해 보는 것도 추천합니다.

요즘은 청소년을 대상으로 한 공모전들도 많아서 부담 없이 대회에 참가해 스스로의 흥미와 적성을 확인해 볼 수 있습니다. 창의융합 경진대회, 알고리즘 경진대회, 독서토론대회, 과학탐구 토론대회 등 학구적인 대회부터 비교적 가볍게 참여할 수 있는 대회까지 다양한 종류의 대회가 열리고 있습니다. 외부 대회 참여를 결정한 경우, 모든 것을 아이의 자율성에 맡기는 것이 가장 좋지만 중도 포기를 방지하기 위해서 엄마의 개입이 필요할 때도 있습니다. 강제성이 없는 활동이기 때문에 아이들끼리만 준비하다 보면 시작 자체가 어렵기도 하고, 시작한다고 해도 학교 공부나 학원 등의 우선순위에서 밀리기 때문에 끝맺음을 하지 못하고 흐지부지 사라지는 경우도 많습니다. 과도한 개입이 아니라 하나의 활동을 처음부터 끝까지 버텨낼 수 있을 정도의 지원을 해주세요. 모임의 스케줄 관리를 해주고, 모임 장소를 마련해 주고, 시기마다 도달해야 하는 지점을 안내해 주면 목표 기간 내에 산출물을 완성할 수 있습니다.

활동 과정에서 친구 간의 갈등이 발생하는 등 드라마가 나올 수 있다는 것은 이미 예상하고 계실 것입니다. 하지만 없는 시간을 쪼개고 생각보다 많은 시간을 투자하더라도 친구들과 함께 자발적으로 기획하고 추진하여 마침표를 찍어보아야 합니다. 고등학교에서 수없이 해야 할 주제 탐구 과정을 약식으로나마 배우는 것에 의의가 있다고 믿으시고 전진할 수 있도록 격려해 주세요. 진로에 대한 즉각적인 대답을 찾기 위한 활동보다는 견문을 넓히는 경험, 진로 관련 독서나 전문가의 강의와 같은 간접 체험 등을 꾸준히 해나가면서 인생의 방향성을 찾아가는 것에 우선순위를 두어야 합니다.

3
선택하고 실행하는
중학교 3학년, 고등학교 1학년

고입과
고등학교 선택

중학교 3학년의 시작은 고등학교 선택 여부에 따른 방향성을 정하는 상담으로 분주합니다. 그동안 부모와 아이가 차분히 준비해 왔던 역량들을 이제 펼쳐볼 순간이 거의 다 왔습니다. 어떤 고등학교를 거쳐 어떤 대학의 어떤 전공을 하고 싶은지를 연속선상에서 예상해 보며 선택지를 하나씩 좁혀가야 합니다. 선발형 고등학교들은 대부분 학생부 서류 못지않게 자기소개서를 중요하게 생각합니다.

고입 자기소개서 핵심 키워드

전국 자사고나 광역 자사고의 자기소개서 문항을 살펴보면 공통 키워드는 두 가지로 요약할 수 있습니다. #자기주도학습 #인성이 나타나는 경험입니다.

그런데 이미 우리는 중학교 학교생활을 충실히 하는 과정에서 이 질문에 대한 대답이 준비되어 있을 예정입니다. 그것을 지원 학교의 건국이념이나 인재상에 맞게 조금 다듬고 정리하여 면접관 앞에 서면 될 뿐입니다. 수행평가와 활동보고서, 모둠 활동과 발표에 모두 진심을 담았고, 과정을 직접 행하면서 시행착오를 겪었던 내용 중 가장 기억에 남는 배움을 뽑아 잘 기술한다면 고입을 위해 갑작스럽게 많은 비용과 시간을 들여 준비할 필요가 없습니다.

중학교 3년 동안의 학생부 활동을 모두 탈탈 털어보아도 '자기주도학습경험'이 잘 드러나는 학생부는 몇 안 되는 것이 현실입니다. 열심히 공부한 것과 '자기주도학습경험'은 다르기 때문입니다. 하지만 진로에 대해 진지한 고민이 있고 수행평가나 동아리 활동으로 조금 더 나은 결과물을 만들기 위해 노력해 본 학생의 학생부에는 탐구의 흔적이 남아있습니다. 그 과정 속에서 학생은 스스로 질문을 던지고 답을 찾아가는 경험을 하며, 자연스럽게 탐구력 또한 길러집니다. 이런 탐구의 흔적이 남은 활동이 바로 고입 자기소개서에서 '자기주도학습경험'을 소개할 때 좋은 사례가 됩니다.

단기에 고입을 위해 작정하고 작성한 보고서가 아니라 중학교 3년 내내 순간마다 주어진 과제를 충실히 해내 왔기 때문에 배움과 성장은 당연히 일어났을 것이고, 그 과정에서 형성된 탐구력은 고등학교에서 요구하는 문제해결력이나 융합적 사고력과도 연결됩니다. 그것이 고등학교에서 원하는 인재상과 일치하게 되는 것이죠.

혹여나 하는 염려의 마음으로 드리는 말씀인데요. 중학교 학교생활을 충실히 하여 학생부를 멋지게 채워나가는 이유가 오직 고등학교 진학을 위한 자기소개서에 들어갈 말들을 채우기 위해서는 아니었으면 합니다. 그 이유 하나라면 고입 자기소개서가 필요하지 않은 일반 고등학교 진학 예정자의 학생부는 방치될 수밖에 없습니다. 하루 중 가장 많은 시간을 보내는 학교에서 자녀의 배움이 건강하게 이루어질 수 있도록 지원하는 것 또한 자기소개서 준비 못지않게 중요합니다. 아이의 학교생활 태도를 꾸준히 코칭해 왔다면 고등학교 합격을 위해서가 아니라 자신이 원하는 공부나 일을 위해 기초 실력이 다져져 있는 자녀의 모습을 만나게 될 것입니다. 학생부는 미리 준비하면 더 잘할 수 있는 입시의 수단이 아니라 미리 하면 더 '자랄' 수 있는 자녀의 진짜 성장 일기인 것입니다.

고등학교 선택의 현실적인 팁

중학교 3학년의 가장 큰 고민은 물어볼 것도 없이 고등학교 선택입니다. 특목고나 자사고에 진학하지 않는다고 하더라도 선택의 고민이 없는 것은 아닙니다. 집에서 가까운 고등학교에 가서 내신을 잘 받으며 학종을 준비해야 할지, 집에서는 멀더라도 상위권 학생들이 모이는 고등학교에 진학해서 더 높은 곳을 향해 도전해 봐야 할지에 대한 고민은 끝나지 않습니다. 고등학교 선택을 위해서는 대학 입결 정보, 공학인지 아닌지, 전체 인원수는 얼마나 되는지, 학교의 입시를 향한 열정은 어떤 식으로 드러나고 있는지 등을 체크해야 하는데 이것들을 모두 확인했더라도 마음이 후련하지가 않습니다. 이때 모든 것을 명확하게 해줄 수 있는 실질적인 활동은 진학을 희망하는 고등학교의 1학년 1학기 중간고사 시험지로 자신의 수준을 점검해 보는 것입니다. 내가 내년에 이 정도 난이도의 시험을 볼 때 내신 등급을 확보할 수 있는지 아닌지를 체감하고 선택을 하는 것이 필요합니다.

앞으로의 대학 입시는 학생부 강화, 수시전형 강화의 경향성을 띠고 있다는 점을 감안했을 때 고등학교 1학년에 들어가서 처음 보는 중간고사의 내신 성적은 매우 중요합니다. 많은 조건이 갖춰진 명문 고등학교에 진학했다 하더라도 고등학교 1학년 1학기 중간고사가 바닥을 치면 그야말로 주저앉는 경우가 발생합니다. 고등학교에서 앞으로 있을 모든 활동과 내신 성적이 압박으로 다가오기 때문입니다. 그래서 그동안은 고등학교 1학년 시험에서 내신을 확보하지 못한 학생들이 검정고시를 택하기도 했었는데 이제는 교과전형, 학종전형, 수능에서 모두 학생부 영향력이 커지기 때문에 학생부를 포기하고 검정고시를 선택하는 것이 쉽지 않게 되었습니다. 그렇기 때문에 고등학교 선택이 고민이 되는 이 시기에는 진학을 희망하는 고등학교의 1학년 1학기의 중간고사 시험지를 확보해서 자신이 해당 학교에서 가질 수 있는 학업 역량을 실질적으로 확인하고 선택하는 것이 좋은 방법이 됩니다.

공식 루트를 이용한 학과 지식을 확보하자

고등학교에 가기 전에 자신의 희망 학과나 희망 전공 계열을 추려 놓는 것은 후에 학종 준비를 할 때 많은 도움이 됩니다.

부모와 학생 모두 대학 측이 제공하는 정보나 공식 자료를 찾지 않고, 주변 사람들에게 듣거나 검색을 통해 쉽게 찾을 수 있는 대학의 대표 학과 정보에 의존합니다. 그런데 막상 수시로 학과에 지원하게 될 때는 이렇게 많은 학과 분류가 있었나 할 정도로 고민이 되는 부분이 바로 학과 선택입니다. 대학의 입학처에는 학과에 대한 설명을 구체적으로 담아놓은 자료들이 올라와 있습니다. 어떤 학생이 오면 좋은지, 학년에 따라 어떤 공부를 하는지, 학과 안의 세부 전공은 무엇이 있는지, 오기 전에 읽고 오면 좋은 책이 무엇이 있는지, 졸업 후 어떤 진로로 많이 나가는지 등 선배들의 경험담과 현재 진행 중인 학과 내 상황들을 모두 파악할 수 있습니다. 이런 정보들을 자칫 부수적인 배경지식 정도로 생각할 수 있는데, 고등학교 3년 동안 진행할 비교과 활동

(진로 연계, 교과 연계, 주제 탐구 활동 등)을 위해 학구적인 정보를 얻는 원천이 되어줍니다. 해당 전공이 주목하고 있는 산업 분야에 대한 정보라든가 희망 대학, 희망 전공 교수님의 주요 연구 분야는 비교과 활동 주제 탐색 시 좋은 가이드라인이 되죠.

실제로 잘 맞을 것 같은 분야가 있다면 낯설더라도 추가로 정보를 수집하기도 하고, 서점에 가서 분야에 대한 정보를 얻거나 이 분야에서 롤 모델이 될 만한 인물은 없는지 직접 찾아봐야 합니다. 요즘은 대학들이 공식 유튜브 계정을 운영하고 있기 때문에 손쉽게 신뢰할 수 있는 정보를 찾아볼 수 있습니다.

더불어 고등학교 진학 전 상대적으로 시간 여유가 있을 때, 대학교 '캠퍼스 투어'를 신청해서 방문해 보는 것도 추천합니다. 많은 대학이 캠퍼스 투어라는 프로그램을 가지고 있습니다. 학과를 모두 설명해 주지는 못하지만, 해당 대학을 대표하는 홍보대사 대학생들이 나와 학교 안내도 해주고 다정한 선배가 되어 질문도 받아 줍니다. 아이들에게 실체를 보여주며 그곳에서 공부할 나의 미래 모습을 그려볼 수 있도록 도움을 주는 것도 상당히 긍정적인 자극이 되어 줄 것입니다.

입시에 초점을 맞춘
학생부 관리 방법

지금까지는 '꿈을 찾는 진로활동'에 초점이 맞춰져 있었다면 이제부터는 조심스럽게 진로에 대한 '입시적 관심'을 이야기하고 싶습니다. 고등학교 1학년은 아이만을 위한 맞춤형 정보 수집이 필요한 시기입니다. 그러므로 지금부터는 엄마도 입시 정보에 관한 공부에 진지하게 임해야 합니다. 대입 정책을 수시로 체크하고 고교학점제 내에서 과목 선택이나 방향성에 대해 함께 고민해야 합니다. 1학년 여름방학 시기부터 2학년 과목 선택이 시작되는데 이때 희망 대학과 희망 학과에 따라 이수가 권장되는 핵심 과목들이 존재합니다. 대단히 복잡한 일은 아니지만 엄마가 세부적인 내용들을 파악하고 정리해 준다면 입시 준비로 고생하는 아이에게 큰 힘이 될 것입니다.

중학교 기간 동안 연습해 왔던 학생부 관리를 드디어 적극적으로 실행할 때가 왔습니다. 세특의 중요성은 앞에서도 충분히 언급했기 때문에 '창의적 체험활동'과 '행동특성 및 종합의견' 부분을 조금 더 자세히 살펴보도록 하겠습니다.

창체 중 진로활동은 교과목 수업보다 수월하게 자신을 드러낼 수 있는 영역입니다. 학생부 안에는 진로활동과 동아리 활동이 구분되어 있지만, 학생부를 설계할 때는 진로활동과 동아리 활동이 충분히 연계될 수 있는 영역이라는 가정하에 활동을 설계하는 것이 좋습니다. 예를 들어, 코딩에 관심이 있는 학생이라면 관련 동아리 활동을 통해 파이썬, 드론, 로봇, 어플리케이션 제작 등의 활동 주최가 되어 볼 수 있고, 진로활동 시간을 통해 과학관을 체험하거나 과학 관련 강연을 듣는 활동, 강연 후 전공 분야 관련 독서 등의 활동을 연결해 가는 것이죠. 다양한 활동을 통해 교과서 외 자료로부터 아이디어를 얻을 수도 있고, 더 나아가 여기서 얻은 지식을 바탕으로 수학이나 과학 교과와 연계 짓는 심화 탐구 활동을 이어갈 수도 있습니다. 교과를 기반으로 하게 되면 세특으로 활동이 기재되는 것이죠.

이 정도 수준을 1학년부터 해낼 수 있는 학생들은 많지 않습니다. 무엇보다 활동 간의 연계성을 높이는 것이 상당히 어려운 부분입니다. 아이들은 자신도 모르는 사이에 학생부 속 항목을 구분해 놓은 선을 절대 넘지 못하는 선으로 착각하게 됩니다. 자율활동, 진로활동, 동아리 활동, 세특이 각각 따로 존재하는 항목이기 때문에, 서로 연관될 수 있다고 생각하지 못하는 것이지요. 하지만 그동안 학습에서 자기주도성을 키워왔고 그것을 학생부에 기재하는 방식을 고민하며 탐구 활동의 기본 형식도 충분히 익힌 학생이라면, 학생부 안에 담아지지 않는 학생부보다 더 큰 역량을 가지고 있을 것이라 생각합니다. 학생부 안에 갇히면 항목 간의 선을 넘지 못하지만, 학생부보다 더 큰 그릇이라면 그 안의 항목을 넘나들며 자신의 목표를 위한 성취들을 기록할 수 있습니다.

2D 학생부에서 3D 학생부로 바꾸는 방법

학종과 관련된 Q&A를 보면 어떻게 학생부를 보고 이 학생의 인성을 알 수 있냐고 물어봅니다. 학생부라는 서류는 학업역량과 진로역량에 더 많이 초점이 맞춰진 서류이긴 하지만 교사들은 학급을 위해 자신의 시간과 노력을 들인 학생들의 흔적은 꼭 남겨주려고 하십니다.

자율활동	학급 1인 1역인 독서 담당으로서 급우들에게 도서 리스트를 제공하고 급우들이 독서를 하도록 독려함.

사실 독서 담당이라는 역할은 존재감 없이 수행하기 좋은 역할입니다. 조용히 도서 리스트를 다달이 바꿔서 걸어주는 것만으로도 기본적인 역할을 해내고 있으니까요. 하지만 이렇게도 할 수 있습니다.

자율활동	학급 1인 1역인 독서 담당으로서 급우들에게 도서 리스트를 제공하고, 함께 도서관에 방문하여 책을 읽으며 독서 토론 모임을 정기적으로 운영하여 서로 읽은 책의 내용을 공유함.

이 학생은 학급 독서 시간에서의 역할에만 그치지 않고 도서관에 같이 가자고 급우들을 독려한 학생이 됩니다. 시큰둥한 친구들도 있

지만 몇몇은 좋은 기회가 되어 독서 습관을 갖게 되었죠. 이런 친구들과 함께 독서 토론 모임을 만들어 자발적으로 모임을 운영하기까지 합니다. 그 모습은 선생님의 눈에도 당연히 들어오고요. 이렇게 1인 1역에 대한 뻔한 자율활동의 기재가 이 학생만의 차별점을 가진 자율활동 내용으로 바뀌는 것이죠. 많은 학생이 밋밋하게 채우고 마는 공간에서 학생의 자기주도성은 물론 리더십과 의사소통능력도 엿볼 수 있게 됩니다. 두 자율활동 기재 내용의 차이가 보이시나요? 개별적 특성이 있기만 하다면 학생부의 내용은 이렇게 바뀝니다.

고등학교 1학년을 마칠 무렵의 학생부는 평면적인 '2D'에 머물러 있는 경우가 많습니다. 관심이나 열정이 없기보다는 학교에 적응하랴, 내신 신경 쓰랴, 거기다 수행평가까지 하다 보니 '사소한 것'에는 신경 쓸 여유가 없었을 것으로 생각합니다. 교과목도 공통과목으로 진행되다 보니 자신만의 과목을 선택할 수도 없고, 1학년이라서 진로에 대한 확신이 없는 경우도 많기 때문에 창체 활동에도 자신만의 색깔이 드러나기 쉽지 않습니다. 그런데 이 시기에도 자율활동은 학사일정에 의해 꼬박꼬박 진행이 됩니다. 누군가는 1인 1역에서 '쓰레기통 분리배출을 맡아 충실히 그 일을 수행했음'이라고 기재가 될 것입니다. 독서 담당 학생 같은 '3D'의 입체적인 이야기가 담기지 않고요. 학종은 이런 사소한 차이가 모여서 때로 내신이 높은 친구보다 더 좋은 대학에 합격하는 결과물을 만들어내는 전형입니다.

행특은 담임선생님의 추천서

학생부 항목에서 가장 친근감과 애정이 넘치는 항목은 바로 '행동특성 및 종합의견'이 아닐까 생각됩니다. 교과목에 대한 강조도 넌지시 할 수 있고 인성에 대한 총평도 들어가며 학생의 기질이나 남들과는 다른 특성도 언급할 수 있는 담임선생님만의 고유 영역이라고 해도 과언이 아니지요.

2020년 근처까지도 수시전형에는 추천서가 필수 서류로 요구되었습니다. 추천서의 내용은 오직 추천해 주시는 선생님만 보실 수 있었고 추천을 받는 학생은 원칙적으로는 알 수 없었습니다. 그러나 추천서가 폐지된 뒤, 학생부에서 알 수 없었던 정보를 알 수 있었던 추천서가 없어지자 평가자들은 아쉬움도 있었습니다. 그런 마음에 더욱 세심하게 읽게 되었던 부분이 바로 '행동특성 및 종합의견' 부분이었습니다. 행특은 이미 다른 학생부 항목에 기재된 동일한 내용의 활동이라 하더라도 동일한 문구가 아니라면 다시 한번 기재될 수 있는 특수한 항목입니다. 그만큼 담임선생님의 권한이 돋보이는 곳입니다.

오랜 시간 동안 학생부를 읽어온 평가자들에게 행특이 주는 뉘앙스는 상당히 중요합니다. 마치 평범한 학생처럼 묘사한 듯해도 다른 학생부 항목에 기재된 내용과 종합해서 해석해 보면 이렇게 작성할 수밖에 없었던 텍스트 너머의 상황이 전문가들에게 전달되기도 합니다.

행특 관리의 핵심은 타성에 젖은 미사여구로만 점철되지 않도록 하는 것입니다. 무의미한 형용사로 가득한 행특은 실제 평가에서 어떤 가산점도 가져오기 어렵습니다. 행특 관리를 위해서는 학급 안에서 눈에 띄지 않는 일에도 마음을 다하는 태도가 필요합니다. 고등학교에서의 가장 큰 헌신은 학급 친구들이나 선생님을 위해서 나의 시간을 내어주는 것입니다. 학급의 리더가 아니더라도 분위기를 밝게 끌어가는 긍정적인 학생, 귀찮은 일을 도맡아 하는 섬김이 있는 학생, 단합할 수 있도록 친구들을 격려하는 학생이라면 성적을 넘어서는 강점을 가지고 있는 것이나 다름없습니다. 학급 안에서 선한 영향력을 미치면서 본인의 진로에 대한 어필이나 대학에 강조하고 싶은 학교활동 등을 잘 말씀드린다면 선생님도 당연히 학생의 이런 훌륭한 모습을 잘 기재해 주실 것입니다.

20년차 현직 고등학교 선생님이 말하는
"학종 관리의 기술"

입시는 아이러니하게도 그 당사자인 학생보다 주변 사람인 학부모, 그리고 교사 등이 더욱 민감하게 반응하는 영역이기도 합니다. 특히나 한두 번이 아니라 여러 번의 입시를 경험한 사람들을 우리는 '입시 전문가'라고 부르게 되는데요. 그중 하나가 고등학교 선생님입니다. 부모를 뜨겁게 달군 입시는 아이의 고3 생활이 끝나면 차갑게 식어버리겠지만 고등학교는 매해가 뜨겁습니다. 지인의 소개를 통해 학종 관리가 잘 되고 있는 일반 고등학교의 선생님을 뵐 기회가 있었습니다. 그 덕에 '카더라'로 들은 고등학교에 대한 소문들도 여쭤볼 수 있었고 아이를 키우는 엄마로서 어떤 부분을 도와줘야 하는지를 명확히 알 수 있는 시간이었습니다.

Q. 학종을 지원하는 학생들을 보면 1학년 때부터 준비를 잘해 나가는 것 같습니다. 입학 당시부터 준비가 이미 되어있는 학생들이 들어오나요?

A. 일반 고등학교이고 결국 추첨을 통해서 학교가 배정되기 때문에 생각하는 것만큼 특별한 학생들이 모일 수 있는 환경은 아닙니다. 수업시간에 한순간도 집중력을 잃지 않는 친구들이 한 반에 한 두어 명

있는데, 그런 친구들은 어김없이 입시에서 좋은 결과를 얻습니다.

한 선생님의 평이 아니라 여러 선생님이 관찰하였을 때도 한결같은 평가가 나오는 친구들이 분명히 있고, 공부에 대한 재능과 더불어 근면과 성실까지 갖추고 있는 친구들이 서울대에 가는 것 같습니다. 너무 교과서적인 대답이라고 생각하시겠지만, 학종이 금수저 전형이나 깜깜이 전형이라고 하는 소문에 비해 경쟁을 뚫고 가장 좋은 결과를 내는 학생들은 근면함과 성실함이라는 공통점이 있습니다.

조사해 보면 학생 중에는 1년, 2년 선행을 하고 들어오는 학생들도 많고 그 이상을 하고 오는 경우도 있습니다만, 지필고사를 잘 보는 학생들이 꼭 선행을 많이 하고 오는 학생들은 아니었습니다. 오히려 수학의 경우 이미 배우고 왔다는 생각에 수업 시간에 집중하지 않는 아이들도 많아서 안타깝습니다.

고등학교 진학 전 초등학교, 중학교 기간 동안 수업 시간에 선생님께 집중하고 필요한 만큼의 필기를 하는 법을 배워오는 것이 기본적으로 필요합니다. 학교에서 진행되는 모둠 활동에서 협력을 통해 수행평가나 프로젝트를 완성해 본 경험이 있는 학생들이 고등학교 생활을 수월하게 적응하는 것 같습니다.

Q. 고등학교에서는 고교학점제와 통합수능을 어떻게 준비하고 있나요?

A. 계속해서 바뀌는 입시 정책으로 인한 고충은 물론 있습니다. 고교학점제는 그 여파가 크고 준비할 것들이 많기 때문에 담당하는 TF팀이 있을 정도입니다. 하지만 고교학점제는 이미 부분 시행 과정을

거쳐 자리를 잡아가는 중이고, 교과목 선택에 있어서도 학생이 최대한 유리한 선택을 할 수 있도록 학교가 늘 노력하는 부분이기 때문에 지금까지 하던 일과 연장선상에 있다고 볼 수 있습니다. 통합수능에 대해서도 이미 배우고 있는 과목이 그 형식을 변경한 것일 뿐, 학교 차원에서 완전히 다르게 준비해야 되는 것은 아니기 때문에 크게 걱정하지 않습니다.

오히려 수능이 오랜 기간 유지되면서 변별력을 높이기 위해 킬러문항이나 불필요한 함정을 넣는 문제가 있었습니다. 또한 학생들이 자신의 미래에 필요한 과목이 아니라 점수를 잘 받을 수 있는 과목 위주로 선택하는 현실에 대해서도 고교 현장의 보완이 필요하다고 생각했습니다. 앞으로 통합수능이 이러한 문제점들을 잘 해결해 주기를 기대합니다.

Q. 고등생활 수시 준비 Tip을 주신다면?

A. 수시 준비를 하는 데 있어 다양한 방식이 있겠지만, 그중 선생님 입장으로 아이들을 지켜보며 느꼈던 점 몇 가지를 소개합니다.

1) 수행평가를 귀찮아하지 말 것

많은 부모님이 아이가 고등학교에 가면 나아질 것으로 기대하시지만 실제로 전혀 그렇지 않은 사실이 하나 있습니다. 바로 학생들이 수행평가 과제로 제출하는 보고서의 수준입니다. 초등학생은 초등학생이라 중학생은 시행착오를 겪느라 그렇게 쓰는 줄 알았던 보고서가 이제는 정말 잘해야 할 고등학교에 가서도 발목을 잡습니다.

수행평가는 학생부에 기재될 만한 강점을 만들어주기 위해 아이들에게 부여하는 과제 및 모둠 활동이기 때문에 절대 놓쳐서는 안 된다고 당부하고 싶습니다. 고등학교에 입학한 뒤 첫 학기에는 첫 학기여서 그런가보다 싶지만, 학기가 지나고 학년이 바뀌어도 수준 미달의 보고서를 내는 학생들이 여전히 많습니다. 남들도 검색창에 10분만 검색해 보면 나오는 내용을 그저 보고서 양식만 빌려 작성하고 제출하는 모습을 보고 있자면 속이 답답해집니다.

분명 대학에 가려고 하는 아이들인데도 손쉽게 과제나 수행평가를 끝내면 뭐라도 한 듯 만족감을 얻는 것 같습니다. 한두 번은 바로 잡아주기 위해 제출한 보고서를 돌려보내기도 하지만 모든 아이의 보고서를 다시 써오라고 할 수도 없고, 정해진 제출 기한도 있기 때문에 끝까지 고쳐주는 것에는 한계가 있습니다. 학생 스스로 보고서를 작성할 때 필요로 하는 시간과 노력의 정도를 계획할 줄 알아야 합니다. 선생님의 피드백에 있어서도 적극 검토하고 조금이라도 더 나은 결과물을 내고자 하는 의지가 있어야 하는데 아이들은 이것조차 귀찮은 일이라고 생각합니다. 이런 보고서가 5학기 동안 누적되었을 때 결국 빈약한 학생부와 탄탄한 학생부로 나뉘는 것을 뻔히 알기 때문에 그 과정에서 아이들이 지도를 잘 따라오지 않을 때 안타깝습니다.

2) 수시파와 정시파를 섣불리 나누지 않는다

고등학생이 된 아이들은 1학년 1학기 첫 시험을 보고 예상치 못한 아득한 성적을 받았을 때 '나는 정시형 인간이구나'라고 생각합니다.

그래도 혹시 모르니 1학년 2학기까지는 희망을 갖고 열심히 해보는데, 모두가 열심히 하는 탓에 오르지 않는 등급을 마주하며 '역시 나는 정시형이었어'라고 생각하고 내신 공부를 접기 시작하는 아이들을 매해 봅니다. 1학년 때 내신을 내려놓고 수능에 집중하겠다는 학생은 사실 '나는 공부를 안 하겠습니다'라고 말하는 것과 다름이 없습니다. 정시를 하겠다는 것이 아니라 마음이 나약해져서 공부를 안 하고 싶다는 것으로 해석됩니다.

　고등학교 내신은 수능과 관련된 과목이 많습니다. 정시를 준비하는 친구들도 내신을 소홀히 하면서 성공하는 경우는 많지 않습니다. 게다가 이 지점은 N수와도 연결이 됩니다. 내신을 포기하고 정시를 준비했으나 충격적인 정시 성적을 받고 재수를 하게 됩니다. 재수하면서 9월이 다시 오고 수시의 계절을 맞이하면 회복할 수 없는 내신 성적을 보며 지원할 수도 있었던 수시를 놓친 것을 그제야 실감하게 되는 것이지요. 수학 내신을 포기하지만 않았더라면 수시를 써볼 수도 있었는데, 극복이 불가한 내신 상태는 오래도록 아픈 상처가 됩니다. 현역의 입시를 매해 보고 있는 고등학교에서는 N수생 강세를 생생히 경험하고 있습니다. 그렇기 때문에 고3이 돼서도 절대 재수를 염두하지 말아야 한다고 생각합니다. 정시가 수시보다 유리할 거라는 생각, 재수하면 현역보다 더 좋은 결과를 얻을 거란 생각은 일단 고3이 끝날 때까지는 하지 마세요.

3) 이런 10%가 대학에 간다

　고등학교 전체를 놓고 보면 내신도 잘 챙기면서 활동도 열심히 하는 학생들이 10% 정도는 됩니다. 인원을 생각해 보면 결국 한 학년에서 상위권 대학에 갈 수 있는 학종 인원이 이 정도 될 것 같습니다. 한 해 동안 담임을 맡아서 학급의 아이들을 보살피다 보면 공부를 가장 잘하는 아이에게 가장 애정이 가는 것이 아니라 계속해서 도전하는 아이들에게 눈길이 갑니다. 탐구 활동에서 수십 번 실험이 실패했는데 그래도 또다시 도전하는 아이, 직접 발로 뛰며 전에는 본 적 없었던 새로운 형태의 산출물을 내는 아이, 탐구 활동이 잘되지 않을 때 선생님과 적극적으로 소통하며 계속해서 질문하고 풀어내려는 아이를 보면 응원하게 되고 오래도록 기억하게 되는 것 같습니다.

　학생부의 항목들은 수년에 걸쳐 간소화되었습니다. 기존에는 봉사활동도 큰 과제였고 독서 활동과 독서 리스트까지도 대학 합격에 영향을 미친다고 생각할 정도로 입시 준비에 큰 비중을 차지했습니다. 그런데 이러한 항목들이 하나둘씩 사라지면서 학생들 사이에서는 자연스레 대입에 반영되는 것만 중요하다고 확신하는 트렌드가 생겼습니다. 학생부에 들어갈만한 활동은 열심히 노력하는 반면, 학생부에 직접적으로 기재가 되지 않는 학교 활동이나 자신의 진로와 관련 없는 대회, 행사들에 대해서는 불필요한 시간을 쓴다고 생각하고 수업 중에도 나의 희망 학과와 관련이 없는 활동에 대해서는 할 필요 없는 것으로 간주하고 있습니다. 생각해 보면 고교학점제도 그러하고 학생부 항목 간소화도 그러하고 나에게 중요한 것을 잘 선택해서 그것을 잘하면 된다는 메시지를 주고 있기는 한 것 같습니다. 그렇다고 해서 학교생활의 경중을 근시안적으로 판단하는 것은 걱정스러운 부분입니다. 크게 드러나지 않고 스포트라이트를 받는 것이 아니라고 하더라도 주어진 것들에 최선을 다할 수 있는 태도는 반드시 인생에 도움이 될 것이라는 사실도 놓치지 말아야 합니다.

인터뷰

현직 입학사정관이 말하는
"학생부 평가의 모든 것"

교육부가 대입의 큰 정책을 주관하지만, 그 사정을 속속들이 알고 있는 주체는 바로 대학의 입학처 관계자분들입니다. 특히 입학사정관은 학생 평가의 핵심 주체이지요. 고등학교 선생님은 교과와 비교과 활동을 어떻게 준비할 것인가에 초점을 맞추었다면 입학사정관은 어떻게 학생부를 평가할 것인가를 고민합니다. 무엇보다도 진실성 있는 학생을 선발하기 위해 본의 아니게 진짜와 가짜 활동을 구별하는 데 실력자가 되어버린 입학사정관 선생님들과의 만남을 통해 얻을 수 있었던 인사이트를 간단히 정리해 보았습니다.

중요한 것은 1등이 아니라 합격과 불합격의 경계선이다

많은 대학의 학종은 서류평가와 면접평가가 단계별로 존재합니다. 1단계에 서류를 먼저 평가한 뒤, 1단계 합격자만을 대상으로 2단계 면접을 진행하여 최종 합격자를 선발하게 되는 것이지요. 그래서 전형에 지원할 때는 1단계에 몇 배수로 면접인원을 뽑는지도 상당히 중요한 영역이 됩니다. 1단계 합격자(면접 인원)가 최종 합격자 인원의 3배수인 전형과 5배수인 전형에서 나의 합격 가능성이 달라지기 때문입니다. 최종 합격 인원보다 3배가 많은 1차 서류 합격 인원에 들어갈 수 있는 수준의 서류라면 최종 합격까지 도달하기 위한 첫걸음을 내딛을 수 있습니다.

학생부 평가가 아니라 미술 실기 시험이라고 예를 들어볼게요. 그림을 그린 것을 채점하여 합격과 불합격이 정해지는 평가 과정에서 그림은 어떤 식으로 평가될까요?

먼저 평가자에 의해서 A, B, C, D, F 등급으로 그림이 분류됩니다. 그러면 D와 F등급의 그림은 이제 폐기 처분입니다(진짜 버리는 것은 아니고 표현이 그렇습니다). D와 F등급의 그림을 가지고 첨예하게 평가 기준을 적용하는 시간은 없습니다. 한쪽으로 몰아서 다른 등급과 섞이지 않게만 두면 됩니다. 그 평가에는 시간을 가장 적게 쓰는 것이 효율적이니까요. 해당 등급 안에서 줄 세우기 자체가 이루어지지 않는 것이지요.

이제 남은 것은 A, B, C등급입니다. A등급은 또다시 중요도가 떨어집니다. B와 C등급에서 좀 더 섬세하게 평가하게 되고 B의 끝점과 C의 가장 상단에서 상당히 예민한 평가가 이루어집니다. 합격과 불합격의 선이 갈리는 지점이기 때문입니다. A등급에서 1등을 한 그림이 어떤 근거로 1등을 했는지는 질문하는 사람은 없지만 B에서 왜 C로 가서 탈락을 했는지에 대해서는 모두가 날카로운 시선으로 보고 있습니다. 1점만 더 받으면 B인데 왜 1점이 모자라서 C가 되어 탈락자 집단에 속했는지는 철저하게 분석하는 것이죠.

학생부 평가도 비슷한 과정이 진행된다고 보시면 됩니다. 학생부가 세분화된 평가 기준을 사용할 필요가 없는 경우가 있습니다. 평균점에 비해 많이 모자란 내신 등급을 가지게 되면 상위권 대학에서는 자세하게 비교과를 평가받기 어렵습니다. B~C등급 선에서 경쟁을 해볼 정도는 되는 내신이어야 그 안에 상세한 내용을 자세히 보게 되겠지요. 내신을 역전하고 비교과 활동으로 합격이 되는 상황이 발생하는 것도 전 등급에서가 아니라 B와 C등급 사이에서 발생하는 일입니다.

세특은 모두 상향평준화 되어 있다

서울 소재 대학에 지원한 학생부를 읽어보면 세특이 좋은 친구들이 정말 많다고 합니다. 우리 학교, 우리 교실 안에서는 마치 극소수만 세특 관리를 하는 것 같지만 서울 상위권 대학부터 좋은 학생부로 지원을 한다고 생각한다면, 어느 지점에서 그 뚜껑을 열어보느냐에 따라 학생부의 퀄리티는 정말 달라집니다. 제가 만난 입학사정관 선생님들께 여쭤본 결과로는 학생부 자체의 기록은 나무랄 데 없는 학생들이 충분히 많다고 했습니다. 대단히 화려한 내용을 담고 있어서가 아니라, 적어도 성실하고 자신의 진로에 대한 열정을 보여주기 위해 노력한 결과물이 담겨있다는 말씀이었죠.

예전에는 의대를 지망한다면 세특에 '의사', '의대', '의학' 등의 키워드를 계속해서 보여줘야 하고 한다는 오해도 있었는데, 이제는 그런 식으로 접근하는 학생부가 많이 줄었습니다. 대신 전공 계열의 핵심 과목이 될 수 있는 교과에서 심화 역량을 보여주는 것이 중요하며 이 부분을 잘 이해하고 준비한 학생부가 증가하는 추세입니다.

여전히 전공적합성은 중요하다

전공자율선택제는 2025학년도 입시에서 빼놓을 수 없는 키워드였습니다. 전공자율선택제를 '무전공 선발'이라고도 부르기도 합니다. 무전공 선발이라는 것은 전공을 정하지 않고 대학에 지원을 하는 것입니다.

지금까지 우리는 학종을 위해 진로에 대한 고민을 일찍부터 해야 한다고 설명했는데 학부모의 입장에서 보기에 무전공을 학종으로 어떻게 준비해야 하는지 의아했습니다.

2025학년도에 처음 실시된 전공자율선택제의 현실적 구현을 위해 대학 입학처에서는 짧은 시간 안에 평가 체계를 수립해야 하는 어려움이 있었다고 합니다. 그러니 그것을 준비하는 학생 입장에서도 너무 막연했던 것이 당연합니다. 무전공 지원을 생각하고 학생부를 만들어온 경우가 많지 않으니까요. 그래서 결론부터 말씀드리면 현재 상황에서는 일단, 고등학교 현장에서도 그렇고 대학의 평가 현장에서도 그렇고 무전공 선발을 위해 따로 준비할 것은 없습니다. 학종으로 무전공 선발을 하는 경우에는 그냥 지금처럼 학종을 준비하면 될 것 같습니다. 하지만 '나'라는 사람이 관심 있는 분야나 지적 호기심이 발현되는 학문의 영역이 분명히 있다는 것은 학생부에 나타나야 합니다. 결국 희망 학과가 있는 학종을 준비하는 것과 다를 게 없습니다.

전공을 융합한다는 설계를 하는 자유전공 설계를 할 때도 주의하셔야 합니다. 실제로 학생부를 통해 융합형 전공에 대한 역량을 잘 나타내는 것은 현실적으로 상당히 어렵습니다. 많은 학생부를 본 경험을 토대로 보면, 융합형 인재의 경우 특별한 계획 없이 이런저런 과목을 수강하다가 결론적으로 융합형이라고 이름 붙이는 일이 많고, 전문가의 시선에서 어리숙한 포장으로 무늬만 융합형 인재를 구분해 내는 일이 어려운 일은 아니기 때문에 이 경우 어떤 전공에도 진학하기가 어렵습니다. 융합할 여러 분야 중 하나만이라도 심화 학습활동을 가지고 가야 합니다.

데이터화 된 학생부를 평가한다

　대학은 우리가 보는 학생부를 종이로 보는 것이 아니라 나이스NEIS를 통해 받은 지원자들의 학생부를 가지고 평가 시스템을 통해 정리합니다. 우리가 대학 원서를 접수하게 되는 '유웨이 어플라이'나 '진학사 어플라이' 등이 바로 이 평가 시스템을 개발하고 유지하는 업체입니다. 학생부가 모두 전산화되면서 어떤 항목을 어떻게 뜯어내서 어떤 기준으로 분석할 것인가를 대학과 함께 개발하였죠. 요는 학생부 데이터의 정리와 활용의 수준이 정교화되고 있다는 것입니다. 한 대학의 한 번 입시를 위해 평가 시스템이 만들어진 것이 아니라, 여러 대학의 아이디어와 개선점들이 수년에 걸쳐 반영되고 부족한 부분이 유지보수 되는 것이 대학이 가진 서류평가 시스템입니다.

　내 아이의 학생부가 항목별로 데이터화 되어 컴퓨터 화면에 어떻게 나타날 것인가를 생각해 보세요. 중요하다고 생각되는 부분이 있다면 마우스로 드래그를 해서 형광펜으로 표시하고 헷갈리는 지점이 있다면 메모를 달아서 재차 확인하려고 할 것입니다.

　이과계열 지원자라면 수학, 과학 과목을 필터링해서 볼 수 있고 문과 계열 지원자라면 국어, 영어, 사회 과목의 세특을 유심히 평가해야 합니다. 세특에서 좋은 비교과 활동이 보이는 학생부라면 행특이나 창체에서는 전공과 관련된 추가 활동이 없는지 한 번 더 체크함으로써 우수성을 검증하고자 할 것입니다.

　데이터화 된 학생부는 평가의 근거가 되는 활동을 언제고 다시 확인할 수 있습니다. 어떤 입학사정관이 좋아하는 활동이라서 더 좋은 점수를 받는다던가, 어떤 입학사정관이 절대 뽑지 않는 고등학교라서 불이익을 본다는 인터넷에 떠도는 이야기는 데이터화 된 평가 방식에서 반영이 불가합니다. 더불어 기본적인 학종 평가 방식은 하나의 학생부를 2명 이상의 입학사정관, 또는 교수 입학사정관이 함께 평가하는 것이기 때문에 한 평가자가 대학이 공통적으로 지향하는 평가가 아닌 지속적으로 들쑥날쑥한 평가를 학생들에게 주고 있다면 그것 역시 데이터로 관리되며 평가자는 자신의 평가의 근거를 소명해야만 하는 상황에 처하게 됩니다. 이때 어떤 평가자가 '저의 개인적인 신념에 의해 이 학생에게 불이익을 줬습니다'라고 말할 수 있을까요? 비논리적 평가는 시스템상에서 용인되지 않습니다.

인터뷰를 마치며

입시 환경은 급변하고 있지만 대학은 인재를 선발하면서 극단적인 실험을 하는 것을 선호하지 않습니다. 무엇보다도 대학은 위험성이 높은 선택은 잘 하려고 하지 않습니다. 특히나 자신의 위치를 지키려고 하는 상위권 대학들은 실험적으로 학생을 평가할 이유가 없습니다.

대학은 학생을 대상으로 운영되는 기관입니다. 일론 머스크가 운영하는 테슬라처럼 화성인을 만든다는 비전을 가지는 것과는 상반됩니다. 미래를 이끌어갈 인재를 양성하기 원하지만, 그 방식까지 최첨단을 추구하지는 않습니다. 입시제도의 아주 작은 부분이 바뀌어도 수많은 사람의 운명이 좌우되는 대한민국의 현실에서는 더더욱 그러합니다. 확인된 것, 그리고 다시 한번 또 확인된 것을 좋아합니다. 물론 대학을 둘러싸고 있는 거시적 환경에 의해 급진적인 결정을 해야 할 때는 예외입니다. 전공자율선택제나 의대 증원은 거스를 수 없었지요.

그러니 우선 아주 기발하고 놀라운 방법으로 학생들을 평가할 것이라고 걱정하실 필요는 없을 것 같습니다. 종종 컨설팅을 통해 그동안은 생각해 보지 못했던 새로운 접근 방식을 권유받으시는 분들도 있습니다. 당장은 솔깃할 수 있지만 원하는 대학, 희망 학과에 합격하는 확률을 높인다기보다 그저 아무 대학을 어떻게든 갈 수 있는 방법을 제안하는 것입니다. 꼼수이든 제도의 구멍이든 간에 말이죠. 학종을 지원할 생각이라면 학업역량, 진로역량, 그리고 공동체역량으로 명확히 정리되어 있는 학종 평가요소를 내 아이의 학생부에서 발견할 수 있도록 하는 것이 최선의 방식입니다.

  그 다음으로는 학종전형은 대학의 캐릭터 분석이 우선되어야 합니다. 제가 입시 관련 업무를 하면서 확실히 파악한 것이 하나 있다면 대학은 저마다의 얼굴을 가진 입체적인 캐릭터라는 것입니다. '서연고서성한중경외시'와 같은 순서가 아니라 '아, 이 대학은 이런 활동을 한 애들을 좋아하는구나.' '이 대학은 이번에도 A전형으로 많은 인원을 모집하는구나. 여전히 추구미가 변하지 않았네?', '이런 합격 후기를 자랑스러워하는구나. 이런 학생이 우리 대학을 상징하기 바라는구나.' 하는 것들을 볼 수 있다는 것이지요.

  모든 대학에 대해 이러한 캐릭터 인식을 하실 필요는 없습니다. 내 아이가 가고 싶어 하는 관심 대학에 대해서는 3년 정도의 입시 결과와 그 외의 다양한 행보들에 관심을 가지고 바라보는 것이 전형에 지원할 때도 큰 도움이 될 것입니다. 삼성의 인재상과 구글의 인재상이 다르듯이, A대학의 학종과 B대학의 학종이 원하는 학생의 모습이 상이하다는 것도 반드시 알고 계셔야 합니다.

  마지막으로는 고교 선택에 있어서의 신중함이 필요하다는 것입니다.

  2028학년도부터 변화하는 입시제도를 알아보며 제가 느꼈던 것은 내 아이가 상위권 성적을 낼 수 있는 고등학교를 선택하는 것이 필요하겠다는 생각이었습니다. 전국에서 제일 좋은 고등학교를 가는 것이 내 아이의 입시에 결코 유리하지 않을 수 있습니다. 더불어 입학사정관 선생님들을 만나면서 느낀 것은 아이의 진로를 포용해 줄 교과편제표를 가지고 있는 고등학교를 잘 선택해서 가야 한다는 것입니다. 아이의 진로에 적합하지만, 수강이 불가한 과목이 있다면 그것이 수강 가능한 상황을 만드는 것이 학생부 평가에서 중요합니다. 그러려면 어떤 것이 선행되어야 할까요? 고등학교를 진학하기 전에 아이의 진로에 대한 방향성, 적어도 계열에 대한 방향성 정도는 서로 충분히 이야기하고 어느 정도 확신을 가져야 하겠다는 생각이 들었습니다. 문·이과 정도보다는 조금 더 구체화된 지점까지 아이의 학과에 대해 가늠할 수 있다면 가장 좋을 것 같습니다.

합격 후기로 보는 합격자의 학생부

고등학교 선생님과 대학의 입학사정관 선생님만이 교과서 같은 대답을 하는 것은 아닌 것 같습니다. 합격생들 역시 모범답안 같은 이야기로 자신의 학생부를 설명하고 있습니다. 대학이 공유해 주는 합격생들의 이야기를 통해 학생부에 담은 탐구력의 노하우가 무엇인지 정리해 보았습니다.

1. 나와 세상을 연결 짓는 공부

　고등학교 생활 동안 학종을 준비해 온 학생들에게 공부란 나와 세상을 연결 짓는 하나의 방법입니다. '나'에서 출발해서 세상에 도착하는 길이 공부인 것이지요. 서울대 합격생들의 학습 목표는 '나'를 찾아가는 길을 찾는 것이기도 하고 '넓은 세상에 대한 이해'를 하기 위한 노력이기도 했습니다. 그 목표를 이루기 위해 그들이 했던 선택이 바로 '탐구'하는 사람이 되는 일이었습니다.

인문대학 국어국문학과 새내기 P

'좋은 성적을 받고 원하는 대학교에 진학하기 위해서'는 그럴듯한 이유처럼 보이고 실제로 입시 공부의 동기를 제공하지만, 근본적인 답을 제공해 주지는 못했습니다.

생각해 보면, 본질적으로는 저는 '나를 확장시키기 위해' 공부했습니다. 공부를 하면 할수록 제가 가진 지식의 폭이 넓어졌고, 세상을 더 입체적으로 바라볼 수 있게 되었습니다.

약학대학 약학계열 새내기 C

저는 학습의 목표가 세상에 대한 더 넓고 깊은 이해라고 생각합니다. (중략) 김 서린 뿌연 유리를 손가락 하나로 닦아내어 그 너머의 세상을 아주 조금이라도 더 선명하게 볼 수 있는 것, 흐릿했던 인식이 명확해지는 순간에서 오는 소소한 보람이 저는 공부의 원동력과 목표가 되어 준다고 생각합니다.

사회과학대학 언론정보학부 새내기 M

제가 사랑하는 것들은 제 인생의 이정표가 되어주었습니다. 아이돌의 콘서트에 갔다 온 후 좋아하는 일을 하는 사람이 얼마나 빛나는지, 꿈을 가진 사람이 얼마나 강인한지 알게 되었고 제가 정말 좋아하는 게 무엇인지 되돌아보는 계기가 되었습니다. (중략)

내가 진심으로 좋아하는 것들이 공부와는 전혀 상관이 없는, 무모해 보이는 것들일지라도 어찌 보면 그것들이 내 삶의 방향성을 제시해 주고 나라는 사람에 대해 많은 것을 알 수 있게 해준다는 것입니다.

농업생명과학대학 식물생산과학부 새내기 S

여러 대회를 통해 많은 사람들 앞에서 말하고, 토론하고, 글을 쓰는 순간들이 모여 조금씩 '나'라는 사람을 만들어주었다고 생각해요. 성적을 위한, 또는 생활기록부를 위한 공부를 하지 않았으면 좋겠어요. 성적에 얽매여 내 꿈을 찾을지도 모르는 기회를 놓치고 있을 수도 있어요. 본인에게 의미 있을 다양한 학교 활동에 참여해 보세요.

2. 질문하며 성장하는 탐구력

합격자들은 책을 읽고 글을 쓰고 생각하는 과정을 통해 자신의 배움이 성장했다고 이야기하고 있습니다. 자기주도학습과 질문 능력은 수백 번 강조해도 부족한 탐구력의 핵심입니다.

약학대학 약학계열 새내기 C

그렇게 읽고 쓰고 생각하는 것을 훈련하는 것은 저의 사고의 폭과 글쓰기 실력을 늘려주는 자양분이 되었고, 이는 2학년 때 제가 책을 읽으며 주어진 질문이 아니라 스스로 질문을 만들어 답할 수 있도록 해주었습니다.

사회과학대학 지리학과 새내기 S

탐구 활동을 통해 지식을 전달받는 객체가 아니라 지식을 재구성하고 새로운 지식과 연결하는 주체로서의 경험을 하게 되어 자율적인 학습의 기초를 마련할 수 있었습니다. 탐구를 3년간 하게 되면 과거에 했던 탐구를 확장시키거나 연계해 다른 활동으로 이어가기 때문에 내가 관심이 있는 주제에 대해 더욱더 깊이 있는 이해와 분석이 가능하게 됩니다.

※1, 2번에 소개된 사례는 〈2026학년도 서울대학교 학생부종합전형 안내, 선배들이 들려주는 '나의 이야기'〉에서 발췌

3. 연속성을 갖는 탐구 활동

학년이 올라가면 교과목의 수준도 올라갑니다. 탐구도 마찬가지입니다. 해를 거듭하면서 탐구 주제가 심화되거나 기존의 활동으로부터 연계된 탐구 활동이 나오는 것이 가장 바람직한 방향입니다. 처음부터 대단한 탐구 주제가 아니어도 좋으니 매번 성실한 태도로 자신의 목표

를 위해 노력해야 합니다.

	이화여대 학생부종합 인문 사회과교육과 지리교육전공
자율활동	1학년 : 아침 독서로 생활 습관을 다지고 모의 유엔과 독서 토론에 참여. 2학년 : 1학년 활동 이어감, 인공지능 교육 주제로 발표하며 관심분야 확장. '인문사회 주제 발표회' 참여. 1학기에 발표하고 받은 피드백을 바탕으로 2학기에는 주체를 우리 학교 사례로 확장해 다시 발표하면서 '에듀테크'에 대한 이해와 관심이 깊어짐. 3학년 : GIS 툴로 교육자원을 시각화하고 보고서를 작성, 교육 격차와 입시제도를 주제로 탐구하여 진로에 대한 고민.
세부능력 및 특기사항	1학년 : 한국사 시간에는 조선의 교육기관인 성균관을 조사해 입학과정 등을 발표. 2학년 : 세계지리 시간에는 인구피라미드를 교육 격차 문제와 연관지어 발표, 윤리와 사상시간에는 공자의 교육사상을 오늘날의 개별화 교육과 연결해 탐구. 3학년 : 확률과 통계시간에는 Q-Q플롯을 활용해 지역별 인구 밀도 분포의 정규성을 비교, 한국지리 시간에는 팝업스토어와 젠트리피케이션의 관계를 주제로 보고서 작성.

이화여대 학생부종합 자연 화학 · 나노과학과 합격 후기

학생부종합전형을 준비하며 가장 중요하게 생각한 것은 활동의 연계성과 일관성이었습니다. 단순히 다양한 활동을 나열하는 것이 아니라, 각 활동이 어떻게 연결되고 성장으로 이어졌는지를 보여주는 것이 중요하다고 생각했습니다.
처음부터 화학·나노과학과를 목표로 한 것은 아니었지만, 생명과 화학의 연관성을 탐구하며 자연스럽게 관심을 확장해 나갔습니다. 단순한 활동의 나열이 아닌, 진로 탐색 과정의 흐름을 담아 학생부를 구성하는 것이 핵심이라 생각했습니다.

※ 3번에 소개된 사례는 〈이화여자대학교 2026학년도 학생부위주전형 안내서〉에서 발췌

4. 면접 질문으로 알아보는 탐구 주제

학종 면접에서는 학생부에서 눈에 띄는 사건들에 대해 질문하거나 비교과 활동을 얼마나 진정성 있게 수행했는지를 확인해 보고 싶어 합니다. 그러므로 면접 질문은 곧 학생부에 기대하는 역량을 유추해 볼 수 있는 좋은 자료가 됩니다.

건국대에서 면접 질문으로 던졌던 내용들을 통해 탐구력이 있는 비교과 활동의 사례를 살펴보았습니다. 아래의 질문들은 좋은 탐구 주제가 무엇인지를 알려주는 질문들입니다. 해당 학생들은 자신의 주변과 관련한 질문들을 찾고 탐구하였습니다. 거창하고 멋있는 주제가 아니라 생활 속 관심이 잘 보이는 탐구 주제를 찾은 것이지요. 그것이 면접관의 눈을 사로잡았기 때문에 면접에서의 질문으로 이어진 것입니다. 실생활에서 시작되는 질문은 가장 좋은 탐구 주제입니다.

수학과	'지진 속 수학'이라는 주제로 여러 교과를 융합한 탐구를 하고 보고서를 작성하여 발표했는데 지진에는 어떤 수학적 개념이 사용되고 있나요? 이 탐구의 결론은 무엇이었나요?
컴퓨터공학부	정보 과목의 프로그래밍 중 파이썬에서 본인이 수행한 비만도 프로그램의 다중선택 알고리즘을 설명해 주세요.
재료공학과	다양한 고체 물질의 전기전도성을 비교하고자 연필심, 철, 구리, 플라스틱 등을 대상으로 전기전도 실험을 직접 설계하였군요. 실험에 사용되는 도체, 반도체, 부도체에 대하여 설명하고 밴드갭을 이야기해 보세요.

앞서 탐구력에 대해 알아가면서 탐구력이 성공에만 해당되는 역량이 아니라 수많은 실패로부터 생기는 역량이라는 것을 이제는 모두 알고 계실 겁니다. 다음의 사례들은 탐구의 실패도 성공인 이유를 보여 줍니다.

기계·로봇·자동차 공학부	자율주행 자동차와 관련된 활동을 진행하면서 오작동이 발생한 것으로 보이는데, 로봇 제어 시스템 오류 대처 방법을 설명해 주세요. 오작동의 주요인은 무엇이었나요?
생물공학과	동아리 활동에서 '프로폴리스의 향균 작용'을 알아보는 실험을 진행했다고 하는데, 실험 과정을 설명해 주세요. 실험 과정에서 문제가 생겼다고 하는데 어떤 문제였고, 어떻게 극복했나요?

※4번에 소개된 사례는 〈2026학년도 건국대학교 학생부위주전형 가이드북〉에서 발췌

4장

학생부종합전형, 지금부터 준비하는 법

1

입시 정보 홍수 속에서 길 찾기

학종 정보
어디서 찾을까?

검색의 방식이 달라진 요즘은 궁금한 것이 생겼을 때 AI에게 질문하거나 유튜브 영상 검색을 하게 됩니다. 입시라는 영역이 익숙하지 않으신 분들에게는 활자로 정보를 보는 것에 앞서, 영상 콘텐츠를 통해 입문하시는 것을 먼저 추천해 드립니다. 영상 콘텐츠를 보면서 양질의 콘텐츠를 꾸준히 구독도 해보시고 교육 관련 기사를 읽어보며 우리 아이에게 어떻게 적용할 수 있을지를 생각해 보는 것도 좋습니다.

유튜브에서 수시와 관련된 콘텐츠를 구분해 보면 크게 입시제도, 학생부 관리, 학생부 사례 상담, 고교 학년별 준비, 대학 전공(진로) 관련, 수시 지원 대학 결정 등으로 나눠볼 수 있습니다. 너무 많은 주제로 인해 사실 영상을 하나 고르는 것도 쉽지 않은데요, 그래서 저만의 선택의 팁을 하나 공유해 볼까 합니다. 제가 드리는 팁은 '영상의 주제와 말하는 주체가 하나인가'를 확인해 보는 것입니다.

교육 정보는 주체가 누구인지를 확인하고 정보를 받아들이는 것이 중요합니다. 가공에 가공을 거듭한 내용, 누군가가 가볍게 흘린 내용을 체계적인 틀에 넣어 진짜처럼 보이게 하는 형식이 인터넷상에 너무나 많기 때문입니다.

초등학교 선생님이 나와서 초등학교 생활에 대한 노하우를 알려주시면 저는 신뢰할 만한 콘텐츠라고 생각합니다. 현장의 상황을 이해하고 계시기 때문에 훨씬 실행이 용이한 이야기를 해주실 수 있습니다. 입학사정관 선생님이 말하는 대학 전형과 평가에 관한 이야기는 팩트가 중심이 됩니다. 그런데 입시를 경험해 본 학부모가 대학의 평가 기준을 이야기할 때는 그 학부모의 상황을 먼저 이해한 뒤 정보를 받아들여야 합니다. 특정 케이스에 대한 경험으로부터 나오는 이야기이기 때문입니다.

고등학교 한 학급의 전체 학생을 지도한 선생님이 말하는 학생부에 관련된 이야기와, 각기 다른 고교 유형과 성적을 가진 학생부를 본 컨설턴트가 하는 이야기는 동일하지 않습니다. 고등학교 선생님의 경우 한 반에 전국구 대학을 지원하는 학생들이 넓게 분포된 경우가 많습니다. 수시를 준비하는 아이들과 정시를 준비하는 아이들, 논술전형 등 전형과 대학의 수준이 모두 상이합니다. 컨설턴트의 경우 수시는 수시를 전문으로 하고 정시는 정시를 전문으로 하는 경우가 많습니다. 그렇기 때문에 한쪽의 이야기를 가지고 성급하게 일반화하기보다는 조언을 종합해서 우리 아이에게 필요한 부분을 챙겨가시면 됩니다.

영상과 언론이 제공하는 입시 데이터를 많이 쌓으신 다음에는, 입시 관련 독서를 통해 뼈대를 잘 잡아가는 것이 필요합니다. 좋은 책 한 권을 읽음으로써 지금까지 누적된 출처가 다양한 나의 데이터들이 머릿속의 적합한 폴더로 분류되는 것을 경험하실 수 있을 것입니다.

교육과 관련된 다양한 주체의 의견들을 접하다 보면 결국 입시제도에 대해 알아야겠다는 생각을 하게 됩니다. 누구의 말이 맞는지를 판단하기 위해서가 아니라 한 제도를 분석하는 다양한 입장이 있는 것을 알았기 때문에 그 제도에 대한 궁금증이 생길 수밖에 없습니다. 제도의 주체인 교육부나 대학교육협의회, 국가교육위원회 등은 학부모 친화적 영상을 제공하지 않습니다. 그렇기 때문에 그들의 발표를 해석하여 설명해 주는 교육전문가의 영상이 도움이 됩니다. 하지만 중간 전달자의 관점조차 들어가지 않은 제도 그 자체를 이해하고 싶다면 교육부가 내는 보도자료 원문을 보시는 것이 가장 정확합니다. 이것은 대학에 대한 정보를 확인할 때도 그대로 적용되는데 서울대 전형에 대한 정보를 정확히 알고 싶다면 서울대 전형을 가독성 높게 정리해 둔 블로그가 아니라 서울대 입학처 홈페이지에 들어가서 서울대가 발표한 자료를 찾아보시는 것이 맞습니다.

입시제도는 결국 대학이 학생을 선발하는 방식에 영향을 미치고, 그 영향은 고등학교 선택으로 이어집니다. 고입은 모두가 경험해야 하는 일이 아니기 때문에 고등학교에 대한 자료는 대입만큼 많지 않습니다. 유명한 일부 고등학교 위주의 정보에 많은 영상들이나 자료가 집중된 상황이지요. 그래서 대입은 큰 그림을 보고 세부적인 정보를 찾아 나서는 반면, 고입은 내 주변을 둘러보면서 점차 시야를 확장하는 편이 더 좋습니다. 우리 아이가 자동으로 배정되는 지역 내 고등학교를 시작으로 아이의 재능과 연관이 있는 선발형 고등학교에 대해 알아보기도 하며 그 과정에서 중학교에서 해야 할 공부의 방향성을 찾을 수도 있습니다. 이 지점에서 많은 카더라와 엄마들의 정보가 섞이게 되는데 불안이 생기거나, 걱정되지만 할 수 있는 일이 없다고 느껴지신다면 기본 학업역량을 키우는 데 시간을 쏟는 편이 이득이라고 생각합니다. 고입 전형은 유형마다 입학전형이 비교적 고정되어 있기 때문에 학업역량이 단단히 쌓이게 되면 단기간 내에 입학전형을 이해하고 준비할 수 있습니다.

학종에 대해 알고 싶다면 〈학생부종합전형 안내서〉를 찾자

고2가 되면 많은 학생들이 학종 준비를 위해 상담을 받고 싶어 합니다. 학종을 위해 준비된 것이 별로 없다는 것을 스스로 알고 있으면서도 간단한 진단이라도 받고 싶어 하는데요. 첫 번째는 내가 지금껏 해 온 활동들이 유의미한가를 객관적으로 확인받고 싶어서이고, 두 번째는 내가 앞으로 해야 할 것들을 명확히 알고 싶기 때문입니다.

그런데 생각보다 이것에 대해 올바른 정보를 가지고 대화를 나눌 수 있는 대상이 많지 않습니다. 그러다 보니 학원 선생님의 말씀 하나에, 학교 선생님의 예시 하나에 휘청하며 지금 자신에게 적합한 활동이 아닌 생뚱맞은 활동을 선택하여 학생부를 채우기도 합니다.

학종은 3학년 1학기에 학생부를 읽어본 뒤 내 학생부 수준에 맞는 대학을 찾아서 지원서를 넣는 전형이 아닙니다. 처음부터 계획적으로 설계하고 준비해 나가는 전형입니다. 그러기 위해서는 내가 희망하는 여러 대학 중 몇 개만 뽑아 '희망 대학군'으로 추리고 그 군에 있는 대학의 학종전형이 어떤 학생부를 원하는지 먼저 알아야 합니다.

그렇다면 대학이 원하는 학생부는 어떻게 알 수 있을까요? 바로 그 해답이 '〈학생부종합전형 안내서(가이드북)〉'에 있습니다.

학종을 성실하게 운영하고 있는 대학이라면 모집요강과 더불어 〈학생부종합전형 안내서〉나 〈학생부종합전형 가이드북〉을 가지고 있습니다. 이 자료들에는 대학별로 학종이 선호하는 학생부의 모습을 자세히 설명하고, 평가자들이 어떤 기준으로 서류를 해석하고 평가하는지 까지도 꽤 구체적으로 담겨있습니다.

이 가이드북은 마치 학종에 대해 잘 아는 친구가 '이건 중요하니까 꼭 해둬', '이건 별로 영향 없어'라며 조언해 주는 것과 같습니다. 학생부의 어떤 항목이 중요한지, 어떤 활동이 어떻게 해석되는지를 실제 사례와 함께 안내해 주기 때문에, 학종을 준비하는 부모와 학생 모두에게 필수 자료라고 할 수 있습니다.

특히 학부모님들이 이 가이드북을 읽을 때 다음과 같은 '포인트 질문'을 스스로에게 던지며 살펴보면 훨씬 효과적으로 내용을 이해할 수 있습니다.

> ☐ 이 대학은 어떤 역량을 가장 높은 비중으로 두었는가?
> ☐ 평가자가 '좋은 활동'이라고 말하는 활동은 어떤 것이 있는가?
> ☐ 내 아이가 한 활동 중 어떤 것이 기준과 맞아떨어지는가?
> ☐ 평가 기준을 보았을 때 보완해야 하는 활동이 무엇인가?

각 대학에서 제공하는 이런 안내서나 가이드북은 학생부를 전략적으로 설계하기 위한 나침반이 되어줍니다. 교과서를 빼고 시험을 논할 수 없는 것처럼 〈학생부종합전형 안내서〉가 학종 준비의 교과서라는 것을 잊지 마세요.

대학은 어떤 학생을 선호할까?

〈학생부종합전형 안내서〉는 대학의 정체성, 즉 대학이 지향하는 가치를 실천할 인재상에서부터 시작됩니다. 제가 학종을 좋아하는 이유는 학종은 비전을 가지고 학생을 선발하고자 하기 때문입니다. 그게 아주 정확히 구현이 되지 못할 수는 있지만 적어도 계속해서 시도를 하고 있다는 것이죠. 특히나 학교생활의 충실도에 기반 하여 평가하기 위해 학업역량 뿐만 아니라 학생의 노력, 의지, 적극성, 발전 가능성 등을 모두 평가하는 전형입니다.

서울대는 〈학생부종합전형 안내서〉에서 '학생부종합전형 준비 방법'이라는 챕터를 따로 마련하였습니다. 그중 일부에 아래와 같은 내용이 있습니다.

> 학생부종합전형의 준비 방법이라는 것은 따로 있지 않습니다. 여러분은 주어진 환경에서 충실하게 고등학교 생활에 임하면 됩니다. 나 자신과 나의 꿈에 대해 치열하게 고민하고, 배우고 싶은 것이 있다면 학교 안의 다양한 기회를 활용하여 최선을 다해 배우시길 바랍니다. 친구들과 함께해보고 싶은 활동이 있다면

> 마음껏 시도해 보길 바랍니다. 자신의 학업역량을 드러낼 기회가 있다면 망설이지 말고 도전하시길 바랍니다.

우리가 소문으로만 들었던 학종과는 전혀 다른 모습을 하고 있지 않나요? 자신이 처한 환경 아래에서 공부 방법을 찾는 과정을 담는 전형이 바로 학종전형이라고 할 수 있습니다.

학종 마인드가 장착 되셨다면 이제 조금은 냉정한 평가요소에 대해서도 알아봐야 합니다. 학종의 평가요소는 곧 학생부에 대한 평가를 어떻게 할 것인가가 중심이 됩니다. 그러니까 이 부분에서부터 우리는 서류를 가지고 승부를 내야 한다는 것을 인지해야 합니다. 면접관을 만나서 이야기하는 일도 아니고 시험 문제에 답을 맞히는 일도 아닌, 오로지 서류를 제출하는 것으로 학종의 모든 평가가 진행됩니다.

학생부에 기재된 학생들의 활동을 평가하기 위해 대학들은 머리를 맞대고 연구를 하였습니다. 2장에서도 언급된 적이 있지만 굵직한 평가요소 세 가지를 추렸는데요. 바로 학업역량, 진로역량, 공동체역량입니다(서울대나 일부대학들은 상이한 평가요소를 가지고 있기도 하지만 대체로 그 지향점은 유사합니다). 이 역량을 학생부로 확인해서 평가를 하겠다는 의미입니다.

그렇다면 아이는 자신의 학생부에 학업역량을 어떻게 담을지, 진로역량, 공동체역량을 어떻게 담을지를 고민해야 합니다. 스스로가 아무리 학업역량이 좋은 사람이라도 학생부에 학업역량에 대한 증거를 남기지 못했다면 학종에서 좋은 평가를 받을 수 없습니다. 노련한 학생이라면 자신의 역량이 학생부에 담길 수 있는 형태가 될 수 있도록 학생부를 설계하게 될 것입니다. 여기에서 학생부 디자인, 학생부 설계라는 말이 나오게 되는 것이지요.

평가 기준, 어떻게 해석할까?

학종을 평가하는 입학사정관 선생님들이 대부분의 시간을 쏟는 지점은 바로 서류평가입니다. 서류평가의 기준은 각 대학마다 가지고 있지만 특별히 공통 평가요소 및 평가 항목에 대한 정리를 5개 대학이 공동연구하여 정리해 놓은 책자가 있습니다. 〈건국대, 경희대, 연세대, 중앙대, 한국외대 공동연구 NEW 학생부종합전형 공통 평가요소 및 평가 항목〉이라는 제목을 가진 이 책자는 5개 대학뿐만 아니라 학종이 활성화되어 있는 대학들이 지침서로 활용하며 고등학교 현장에도 학종에 대한 직접적인 메시지를 전달합니다.

학종 공통 평가요소는 학업역량, 진로역량, 공동체역량 크게 세 가지로 구분합니다. 그리고 각 요소 아래 평가 세부항목들이 존재하고 있습니다.

평가요소	평가 세부항목	내용
학업 역량	학업성취도	고교 교육과정에서 이수한 교과의 성취 수준이나 학업 발전의 정도
	학업태도	학업을 수행하고 학습해 나가려는 의지와 노력
	탐구력	지적 호기심을 바탕으로 사물과 현상에 대해 탐구하고, 문제를 해결하려는 노력
진로 역량	전공(계열)관련 교과 이수 노력	고교 교육과정에서 전공(계열)에 필요한 과목을 선택하여 이수한 정도
	전공(계열)관련 교과 성취도	고교 교육과정에서 전공(계열)에 필요한 과목을 수강하고 취득한 학업 성취 수준
	진로 탐색 경험	자신의 진로를 탐색하는 과정에서 이루어진 활동이나 경험 및 노력 정도
공동체 역량	협업과 소통능력	공동체의 목표를 달성하기 위해 협력하며, 구성원들과 합리적인 의사소통을 할 수 있는 능력
	나눔과 배려	상대방을 존중하고 이해하여 원만한 관계를 형성하며, 타인을 위하여 기꺼이 나누어주고자 하는 태도와 행동
	성실성과 규칙준수	책임감을 바탕으로 자신의 의무를 다하고, 공동체의 기본 윤리와 원칙을 준수하는 태도
	리더십	공동체의 목표 달성을 위해 구성원들의 상호작용을 이끌어가는 능력

(1) 학업역량

학업역량은 '대학 수업을 따라갈 수 있을 만큼의 공부 실력과 태도'를 보는 영역입니다. 상위권 대학일수록 학업역량이 전체 평가에서 차지하는 비중이 크고 그 기준도 빡빡합니다. 앞의 표를 보시면 학업역량의 평가 세부항목으로 '탐구력'이 존재하고 있다는 것도 보이시지요. 탐구력은 학업역량 안에서도 가장 고차원적인 역량이기 때문에 저는 평가요소 세 가지(학업역량, 진로역량, 공동체역량) 중 학업역량이 학종에서의 성패를 가장 크게 좌우한다고 해도 과언이 아니라고 생각합니다. 성실성과 같은 학업에 대한 태도, 수업 외에 스스로 학습하기 위한 노력의 흔적도 모두 대학에서 공부하는 데 필요로 하는 기본 소양입니다.

(2) 진로역량

진로역량은 '내가 관심 있는 분야를 고등학교 교육과정 안에서 어떻게 탐색하고 준비했는가'를 평가하는 영역입니다. 진로역량은 과거에 전공적합성이라고 불리던 것인데 고등학교 수준에 맞는 전공적합성을 진로역량이라는 말로 표현한 것이라고 이해하시면 됩니다. 전공이라는 말에 너무 갇힐 필요는 없지만 자신이 희망하는 '계열'에는 초점을 맞춰주셔야 합니다. 진로역량 항목은 고교학점제와 연동되면서 선택과목의 이수 현황이 더욱 중요해졌고, 또 같은 선택과목을 선택하더라도 자신의 진로와 부합하게 어떻게 그것을 활용했는지를 볼 수 있습니다. 그래서 진로역량은 자신의 진로를 탐색하고 구체적인 지식을 배우기 위해 개인적으로 한 활동들을 평가받을 수 있는 영역입니다. 학부모 입장에서는, 교과편제표에 대한 이해를 선행함으로써 아이가 선택과목을 통해 진로역량을 드러낼 수 있도록 도움을 줄 수 있습니다.

(3) 공동체역량

공동체역량은 한마디로 '함께 살아가는 힘'입니다. 학교라는 작은 사회 안에서 친구들과 어떻게 협업하고, 배려하고, 성실하게 생활했는지를 평가합니다. 예전에는 '리더십'만이 주요 평가항목으로 부각됐지만, 요즘은 타인을 이해하는 의사소통능력, 협업 능력 등이 주목받고 있습니다. 이 역량은 성적이 아닌 생활 태도 전반에서 자연스럽게 드러나는 부분이므로, 아이가 학교생활을 긍정적이고 성실하게 이어가도록 돕는 것이 가장 좋은 준비입니다.

역량별 유리한 전형 고르기

학종이라면 대학에 상관없이 모두 똑같은 전형의 모습을 띨 것이라 생각하실 수 있지만 대학마다 세부 전형이 다양하게 운영되고 있습니다. 어떤 전형은 학업역량을 더 중요하게 평가하고, 또 어떤 전형은 진로역량이나 공동체역량에 더 큰 비중을 두기도 합니다.

같은 대학의 학종이라도 평가 기준이 다르므로 자신의 강점이 무엇인지에 따라 유리한 전형도 달라질 수 있습니다. 단순히 '면접이 없다니까 이 전형', '지원자 수가 적다니까 저 전형'처럼 표면적인 조건만 보고 결정하기보다는, 내 학생부 안에 어떤 역량이 잘 드러나 있는지를 기준으로 전형을 선택하는 것이 훨씬 전략적입니다.

여기서는 중앙대의 대표적인 두 학종전형을 사례로 들며, 각 전형이 어떤 역량을 중시하는지, 그리고 그에 맞춰 어떻게 자신의 전형을 선택하면 좋을지 소개하려고 합니다.

중앙대의 대표 학종전형은 바로 '융합형인재전형'과 '탐구형인재전형'입니다. 이 전형은 쌍둥이 전형으로 보일 만큼 유사점이 많습니다. 모집인원의 수도 비슷하고, 지원 자격도 같습니다. 그런데 두 전형의 입결은 비슷하지 않습니다. 동일한 학생이 두 전형에 모두 지원했을 때 어느 한 전형을 통해서만 합격할 가능성이 높다는 것이지요.

먼저 융합형인재전형은 학업 및 교내 다양한 활동을 통한 성장 가능성을 종합적으로 평가하는 전형이며, 학업역량 50, 진로역량 30, 공동체역량 20으로 반영됩니다. 탐구형인재전형은 탐구능력, 전공분야의 잠재력, 학교생활 충실성 등을 종합적으로 평가하며 학업역량 40, 진로역량 50, 공동체역량 10으로 반영합니다.

즉, 자신의 학생부에 어떤 역량이 가장 강하게 드러나 있는지에 따라 두 전형 중 어느 쪽이 더 적합한지를 판단할 수 있어야 합니다. 예를 들어, 전공 관련 활동이 많고 진로에 대한 탐색과 준비가 잘 드러나는 학생이라면 진로역량을 중시하는 탐구형인재전형이 더 유리할 수 있습니다. 반면, 교과 성적이나 수업 내 학습활동이 우수하고 다양한 교내 활동에서 성장을 잘 보여줄 수 있다면 융합형인재전형이 적합할 수 있겠지요.

이처럼 전형의 이름만 보고 판단하기보다는, 각 전형이 중시하는 역량을 정확히 이해하고 자신의 학생부가 어떤 방향으로 기록되어 있는지를 살펴보는 전략적 시선이 필요합니다.

각 대학의 〈학생부종합전형 안내서〉를 보면 해당 대학 학종전형의 이런 구체적인 내용, 그리고 실제로 전형마다 합격한 학생들의 사례가 나와 있습니다. 대학만이 줄 수 있는 정보들입니다. 이 내용을 분석함으로써 어떤 차이가 있었는지를 보실 수 있습니다. 대학이 직접 만든 만큼, 다른 정보보다 훨씬 신뢰할 수 있기 때문에 입시에 처음 입문하는 학부모에게 가장 중요한 첫걸음이 되어줄 것입니다.

	[학생부 종합] CAU 융합형인재
모집인원	457명(9.2%)
지원자격	고등학교 졸업(예정)자, 2학년 수료예정자 중 상급학교 진학대상자 또는 관계 법령에 의하여 고등학교 졸업자와 동등 이상의 학력이 있다고 인정된 자
제출서류	• 국내고교 졸업(예정)자: 학교생활기록부[필수] • 외국고교 졸업(예정)자: 성적, 졸업(예정)증명서[필수] • 검정고시 지원자: 합격, 성적증명서[필수] ※학교생활기록부 대체서류요약서 및 대체서류 제출이 가능한 자: 외국고/검정고시 중 국내고교/외국고교 1학기 이상 이수자, 국내고교 졸업(예정)자 중 외국고교 1학기 이상 이수자[선택] ※미술실적보고서 제출이 가능한 자: 공연영상창작부(공간연출) 지원자[선택]
전형방법	서류 100%
서류평가	학교생활기록부 등 제출서류를 근거로 지원자의 학업 및 교내 다양한 활동을 통한 성장 가능성을 종합적으로 평가 학업역량 50 진로역량 30 공동체역량 20

	[학생부 종합] CAU 탐구형인재
모집인원	484명(9.8%)
지원자격	고등학교 졸업(예정)자, 2학년 수료예정자 중 상급학교 진학대상자 또는 관계 법령에 의하여 고등학교 졸업자와 동등 이상의 학력이 있다고 인정된 자
제출서류	• 국내고교 졸업(예정)자: 학교생활기록부[필수] • 외국고교 졸업(예정)자: 성적, 졸업(예정)증명서[필수] • 검정고시 지원자: 합격, 성적증명서[필수] ※학교생활기록부 대체서류요약서 및 대체서류 제출이 가능한 자: 외국고/검정고시 중 국내고교/외국고교 1학기 이상 이수자, 국내고교 졸업(예정)자 중 외국고교 1학기 이상 이수자[선택]
전형방법	1단계: 서류 100% 2단계: 1단계 성적 70%+면접 30%
서류평가	학교생활기록부 등 제출서류를 근거로 지원자의 탐구능력, 전공분야의 잠재력, 학교생활 충실성 등을 종합적으로 평가 학업역량 40 진로역량 50 공동체역량 10

※〈중앙대 학생부종합전형 가이드북(2025)〉 발췌

부모가 먼저 알아두면 좋은 입시 정보들

〈학생부종합전형 안내서〉찾는 방법

　검색창에 '서울대학교'를 넣으시고 서울대학교 관련 정보가 나오면 '입학처 홈페이지'를 클릭하세요. 입학처 홈페이지에 도착하면 크고 작은 구분이 있을 텐데요. 스크롤을 내리면서 첫 번째 페이지에 무엇을 보여주는지 훑어보세요. 입학정보는 스크롤 없이는 진행될 수 없을 만큼 다양하고 세세합니다.

　입학 메인 메뉴 가장 오른쪽 끝에 '입학 웹진 아로리'라는 글자를 클릭하시면 친절하고 다정한 입학정보를 정리해 둔 '서울대학교 입학본부 웹진 아로리' 페이지로 이동합니다. 수시로 합격한 학생들의 고등학교 생활을 엿볼 수 있는 자료들과, 합격생들이 읽은 책을 정리해 놓은 공간 등 전형 요소 중심이 아닌 실제 학생들의 이야기를 정리해 두어 아이들이 읽기에도 재밌는 이야기들이 있습니다. 참고할만한 대학의 〈학생부종합전형 안내서〉의 위치를 다음의 QR코드로 정리해 두었으니 참고하시기 바랍니다.

| 서울대 |  | 연세대 |  |

성균관대		중앙대	
경희대		한양대	

 이 밖에도 쎈 진학 나침반 홈페이지(https://ipsi.sen.go.kr)에서 전국 대학들이 제공하고 있는 입시관련 자료를 한눈에 보실 수 있습니다.

'2028 대학입시제도 개편안' 간단 요약

 2023년 10월 '2028 대학입시제도 시안'이 발표되었습니다. 그리고 같은 해 12월, '2028년 대학입시제도 개편안'이 나왔습니다. 당시 중학생 자녀를 둔 엄마들은 직격탄을 맞았고 초등학생 자녀를 둔 엄마들까지도 술렁였죠. 우리가 주목해야 하는 것은 당장의 개편 내용은 아닙니다. 그보다는 이 변화가 가져올 파급효과가 무엇인지 고민해 봐야 하지요. 우선 한 번도 경험해 보지 않은 길에 대한 예상 시나리오를 마구잡이로 받아들이기보다는, 교육부 보도자료 그 자체를 잘 이해해 보도록 하는 것이 좋을 것 같다고 생각했습니다.
 일단, 두 가지가 중요합니다.
 첫째, 내신이 5등급 상대평가로 확정되었습니다.
 둘째, 수능이 통합형으로 개편되어 선택과목이 사라졌습니다.

 내신 등급은 제 나이 또래의 부모님들이 학교에 다닐 때도 9등급제였습니다. 1등급이 4%까지, 2등급은 누적 11%까지라는 사실은 잘 알고 있으실 겁니다. 하지만 2028 대입개편에 따르면, 이제 1등급은 10%까지입니다. 2등급은 누적 34%까지라는 엄청난 비율을 자랑하게 되었어요. 그러니 "엄마, 나 1등급 받았어!"라고 할 때 9등급 시절 3.5등급까지도 1.99등급인 겁니다. 내신 등급 숫자로 경쟁하던 교과전형은 새로운 기준을 세워야 할 것 같습니다. 5등급제 안에서 2등급은 그 편차가 매우 커져서 2등급 내신으로 교과전형은 물론이고 학종전형에서 승부를 내는 것이 쉽지는 않을 것 같습니다.(근데 이 등급은 수능 등급 아닙니다. 가끔 헷갈리시는 분들 계시더라고요. 고등학교에서 중간고사와 기말고사를 본 성적에 대한 등급입니다.)

고교학점제로 인한 내신 '절대평가' 이야기가 나왔을 때 특목고나 자사고와 같은 선발형 고교에 대한 선호도가 급속도로 상승했습니다. 그러다 종국에는 절대평가가 아니라 5등급제 상대평가로 고교학점제를 운영하겠다는 것이 확정되었고, 그 해 발생한 첫 번째 고교 선택에서 유명 광역 자사고들이 미달에 가까운 성적을 거두게 되었습니다.

학부모와 학생들은 절대평가라면 자사고, 상대평가라면 일반고가 입시에 유리하다고 생각해서 그런 선택을 한 것일까요? 사실은 그렇지 않습니다. 입시의 유불리를 알려면 변화된 환경에서 결국 대학이 학생을 어떤 기준으로 선발하는지를 보고 결정해야 합니다.

절대평가에서 자사고나 특목고가 유리하다고 판단한 이유는 내신 경쟁이 너무나 심한 현재의 환경에 비해 확실히 그 경쟁을 낮춰줄 수 있을 것이라는 기대감 때문이었습니다. 하지만 절대평가는 없었던 일이 되었습니다. 2025학년도 고등학교 입학생부터 고등학교 내신은 5등급제 상대평가입니다. 절대평가가 아니라서 성적순으로 줄을 세울 수는 있는데 등수마다 동점자가 많이 발생하게 되었습니다. 두 배로 늘어난 1등급 내신을 어떻게 변별할 것인가가 대학의 숙제로 남게 된 것이지요. 대학은 바뀐 내신 체제에서 수많은 동점자를 어떻게 줄 세울지 고민하고 있습니다. 학생부에 제공되는 원점수를 활용해서 더 좋은 1등급과 덜 좋은 1등급을 구분해 보려고 할 것이고 학생부 다른 항목에서도 학생들의 우수성을 변별할 수 있는 요소들, 예를 들어 희망 전공에 더 부합하는 과목들의 수강 여부, 성취도별 분포 비율 등을 확인하게 될 것입니다.

이러한 변별력의 이슈는 통합수능으로도 연결이 됩니다.

수능은 영어를 제외하고 국어, 수학, 사회, 과학, 직업탐구 영역까지 과목을 선택하는 영역이 있었는데 이제는 모두 공통으로 진행됩니다. 희망 전공에 따라 사회나 과학을 선택하지 않을 수 있었지만, 이제는 통합사회, 통합과학 형태로 모두 수능을 쳐야 하는 공통과목이 되었습니다.

현재 수학에서 미적분을 선택한 학생들의 점수를 변환했을 때, 확률과 통계를 선택한 학생들의 점수보다 더 유리한 구조입니다. 더 어려운 난이도의 과목에서 시험을 잘 봤을 때 더 높은 점수를 받을 수 있죠. 그런데 사회탐구와 과학탐구는 난이도 외에 변수가 더 있습니다. 적은 인원이 선택한 과목을 선택하는 경우, 1등급을 받기가 어려워집니다. 최근 화학 과목의 경우 적은 인원이 선택할 뿐 아니라 기본이 탄탄한 친구들만 주로 선택함으로써 같은 백분위에서도 다른 과목보다 낮은 변환표준점수를 받게 되는 현상이 나타나고 있습니다. 현 수능은 실력을 알아보기도 전에 과목 선택만으로도 유불리가 크게 발생하고 있다는 문제점이 있는 것이죠.

그리하여 모든 수능 과목은 2028학년도부터 공통과목이 될 예정이고 고등학교 1학년에 배우는 교과들을 위주로 문제가 편성이 되기 때문에 상위권에서의 변별력이 부족할 것으로 예상하고 있습니다. 서울대는 이미 정시전형에서 수능의 '자격고사화'를 언급했고 다른 대학들도 수능 외 추가적으로 평가할 수 있는 전형 요소를 고민하고 있습니다.

'2028 서울대학교 입학전형' 핵심 정리

최근 10년 동안 일어난 입시 변화 중에 '2028 대학입시제도 개편안'이 손에 꼽히는 큰 이슈임은 확실합니다. 하지만 아직은 먼 미래라고 생각했던 대입개편이 성큼 다가온 것처럼 느껴진 순간은 따로 있었습니다. 바로 서울대의 2028학년도 전형이 발표되었을 때입니다. 내신 5등급제와 통합수능이라는 변화된 배경을 담고 재탄생한 서울대의 전형은 크게 두 가지 키워드로 요약할 수 있습니다.

첫 번째 키워드는 '교과역량평가의 정시 도입'입니다. 학종은 언제나 교과와 학교생활 충실도를 가장 중요하게 생각하는 전형이기에 '교과역량평가', 즉 학생부의 정성평가는 당연한 방식이었습니다. 하지만 서울대가 정시전형에서 40%의 비중으로 '교과역량평가'를 반영하겠다고 발표한 것은 꽤 충격적이었습니다.

사실 대학들이 정시에도 조금씩 학생부교과에 대한 반영을 하려는 움직임을 보이고 있었고, 서울대도 정시에 20%의 비중으로 교과평가를 하고 있었지만, 이번 변화는 학생부를 '정성평가'하여 '정시'에도 반영하겠다는 내용이었습니다.

서울대는 통합수능만으로는 인재를 변별하기가 어려워질 것을 예측하였고, 더불어 학교 교육을 포기한 수준의 내신과 태도를 가진 경우 그것에 대한 책임을 학생에게 묻는 것으로 하였습니다. 정시 실적 위주의 고등학교들은 3학년으로 올라갈수록 내신은 포기하고 정시 공부만 하는 경우가 다반사인데 이러한 경우 서울대를 정시로 입학하는 것이 어렵게 되었습니다.

그동안 수시의 전유물이었던 학생부에 대한 정성평가가 점차 정시로 확장되고 있다는 것은 수시의 정시화, 또는 수시와 정시를 통합하는 첫 걸음이 될 것으로 보입니다.

두 번째 키워드는 '역량 중심의 평가 강화'입니다. 앞으로의 교육은 계속해서 '역량'에 대해 강조할 예정입니다. 2022 개정 교육과정이 지향하는 바는 '역량 중심 교육과정 강화'입니다. 깊이 있는 학습, 교과 간 연계와 통합, 삶과 연계한 학습, 그리고 학습 과정에 대한 성찰을 강조합니다. 서울대의 2028 대입의 목적은 바로 이러한 교육과정을 제대로 밟고 온 학생이 갖는 실질적인 역량을 확인하는 것입니다.

새로 도입될 예정인 'SNU 역량평가 면접'은 '창의력 문제해결 면접', '융합적 과제수행 면접', '분석적 주제토론 면접'으로 구분되며 배운 지식을 확인할 뿐만 아니라 주어진 과제를 수행하는 동안 보이는 학생의 사고력과 의사소통능력, 공동체역량 등도 확인하고자 합니다. 학생이 자신만의 방식으로 문제에 접근하도록 하며, 면접관의 열린 질문으로 어떤 수준의 학생이든 자신의 고유한 학습경험에 따라 답변이 가능하도록 면접을 설계할 예정입니다.

서울대가 제시한 2028학년도 입학전형은 한 학교만의 변화가 아닙니다. 서울대는 다른 대학들의 전형 설계에 큰 영향을 미치는 기준이 되는 학교이며, 그 움직임은 곧 대입 전반의 방향성을 드러내는 신호탄이 됩니다.

앞으로 더 많은 대학이 정시에서도 학생부 기반의 정성평가를 강화하거나 역량 중심의 평가 방식을 도입할 가능성이 높습니다. 이는 학종과 정시의 경계가 점차 허물어지고, 나아가 입시 전반이 '학생의 성장과 역량'을 중심으로 재편되는 과정이라고 볼 수 있습니다.

2028 다른 대학들의 전형은 어떻게 바뀔까?

서울대의 2028 전형에 대한 계획에 이어 2025년 2월 경희대, 성균관대, 연세대, 중앙대도 〈2028 대학입시제도 개편에 따른 전형 개선 연구〉라는 제목의 공동연구 보고서를 발표하였습니다. 건국대, 고려대, 서강대, 서울시립대, 이화여대 역시 공동연구를 통해 〈2028 대입전형 설계를 위한 기초 연구〉에서 2028 대입의 방향성을 보여주었죠. 이는 서울대를 포함한 서울 소재 상위 10개 대학의 경우 2028 대입에 대한 윤곽을 잡아가고 있다는 뜻으로 해석할 수 있습니다.

두 보고서는 통합수능과 내신 5등급제가 학생들을 선발하는 데 있어 변별력을 약화시킬 수밖에 없다는 것에 대학과 고등학교 모두 동의하며, 이것을 보완하기 위해 전형을 어떻게 재설계할지를 고민하는 내용을 담고 있습니다.

이 대학들의 첫 번째 숙제는 '교과전형에서 변별력을 어떻게 가질 수 있는가'입니다. 서울대에는 내신을 정량평가 하는 전형이 없지만 이하 많은 대학은 교과전형으로 일정 인원을 선발해 왔습니다. '학생부 교과전형'은 현실적으로 보면 일반고를 위한 전형입니다. 내신 최상위 등급 경쟁을 하기에 가장 적합한 고교 유형이 일반고이기 때문입니다. 그러므로 교과전형의 수정은 더욱 신중해야 합니다. 일반고에게 불리한 전형 요소 반영은 고교 서열화를 부추길 수 있기 때문이죠. 어쨌든 교과전형은 내신 등급 숫자로 줄을 세우는 전형이라고 간단히 정리할 수 있는데, 5등급제로 인해 등급의 폭이 넓어질 경우 등급을 가지고 줄을 세우기가 어려워집니다. 그렇다고 교과전형에 학생부 정성평가를 넣어 모두 종합전형처럼 만들 수도 없는 현실이라 교과전형에는 학생부 전체가 아니라 일부만을 정성평가 하는 방식을 고려하고 있습니다. 예를 들자면 교과 세특 부분만 반영하는 것이죠.

두 번째 숙제는 '수능 전형에서의 변별력을 어떻게 가질 수 있는가'입니다. 이미 서울대는 수능을 자격고사화하고 정시에 교과역량평가, 즉 학생부 서류평가를 40% 반영하겠다고 발표하였습니다. 이하 다른 대학들도 연구보고서를 통해 수능과 더불어 학생부를 평가하는 방향으로 갈 것을 예고하고 있습니다.

　다만 모든 대학이 정시에서 서울대 수준의 교과역량평가를 하기는 어렵습니다. 정성평가에는 충분한 평가 기간이 필요한데 수능 점수가 발표되고 최종 합격을 내기까지의 시간이 수시에 비해 짧으므로 현실적인 어려움이 예상됩니다. 그렇기 때문에 학생부를 평가하지만 정량적으로 확인할 수 있는 내용, 예를 들어 내신 등급이 될 수도 있고 계열별 권장과목 이수 여부, 교과 영역별 반영 비율, 개인별 선택과목 이수 현황 평가 등을 고려할 수 있습니다. 이전까지 수능 전형에서는 크게 영향력이 없었던 학생부가 어떤 식으로든 얼굴을 들이밀고 있다는 것이 확실히 느껴지는 부분입니다.

　마지막으로 두 보고서가 공통적으로 이야기하는 또 하나의 내용은 정시 비중의 자율화입니다. 현재 16개 주요 대학은 수능위주 전형을 40% 이상 반드시 운영해야 합니다. 이 사안에 대하여 서울대를 필두로 많은 대학이 상황에 맞춰 전형 비율을 자율적으로 운영할 수 있도록 해야 한다는 목소리를 본격 높이고 있습니다. 정시 비중의 자율화가 실현되면 정시 비중은 증가가 아니라 감소하게 될 것입니다. 대학은 대학의 방식으로 자신의 학생들을 선발하고 싶기 때문이죠. 이렇게 줄어든 정시 비중만큼 수시의 비중이 늘어나 결국 학생부에 대한 준비가 더욱 중요해지는 결과로 이어질 수 있습니다.

    결국 2028 대입개편이 향하는 방향은 명확합니다. 대학은 점수 하나로 줄 세우기 어려운 시대에 직면했음을 인정했습니다. 학생을 '어떻게 선발할 것인가'보다 '어떤 학생을 선발할 것인가'를 더 깊이 고민하기 시작했습니다. 그 결과, 수능과 내신의 한계를 보완할 수 있는 평가요소로 다시 학생부가 주목받고 있습니다.
    그렇다면 수능과 내신이라는 숫자로 보이는 결과 말고 우리가 키워야 하는 것은 무엇일까요? 점수만 잘 받는 것이 아니라, 무엇을 배우며 어떻게 성장했는지를 보여줄 수 있어야 앞으로의 입시에서 진짜 경쟁력을 가질 수 있습니다.

―― 나가는 말 ――

엄마가 입시의 전체 맥락을
이해해야 하는 이유

엄마가 입시를 잘 안다는 것은 내 아이를 더 잘 이해하고 돕는 방법을 안다는 뜻입니다. 지나치게 결과에만 매몰되지 않고 아이가 스스로 성장할 수 있는 환경과 기준을 제공하는 부모가 되기 위해서 입시의 맥락을 아는 일은 부모의 중요한 역할 중 하나입니다.

엄마가 입시의 전체 맥락을 이해하고 있다는 것은 대학 이름을 아는 것이 아닙니다. 원하는 대학에 진학하기 위해 어떤 역량이 필요하고, 어떤 과정을 거쳐야 하며, 어떤 선택이 장기적으로 유리한지에 대해 입시를 기준으로 판단할 수 있다는 것입니다. 언론이 만들어낸 잠깐의 자극적인 이슈가 전체를 모르는 사람에게는 두렵고 정복하지 못할 것 같은 큰 산으로 보입니다. 하지만 입시의 과정에 대한 이해가 있는 사람에게는 가볍게 걸러낼 수 있는 것들은 걸러내고 핵심 역량에 집중해야 한다는 것을 다시 한번 상기시켜 주는 일이 될 뿐입니다.

이러한 기준이 없다면 결국 가시밭길을 걷게 되는 것은 우리 아이들입니다. 어디까지 왔는지, 잘 가고 있는지를 알 수가 없으니 당장의 옆집 아이와의 비교를 멈추기 어렵습니다. 이런 비교 중심의 사고는 아이의 자존감을 낮추고 공부에 대한 의욕을 잃게 만들 수 있습니다. 또 아이의 학습 방향이나 성장 과정을 아이 내부가 아니라 아이를 둘러싼 외부 기준에 따라 결정하게 됩니다. 그러다 보면 긴 여정 속의 작은 실패도 마치 전체의 실패처럼 여겨지게 되어, 아이에게도 부모에게도 큰 부담이 될 수 있습니다.

입시의 큰 그림을 이해한 부모는 복잡한 구조와 변화 속에서도 중심을 잡을 수 있습니다. 이를 바탕으로 자녀에게 일관되고 명확한 기대를 전달할 수 있으며, 이는 아이가 자신의 진로와 목표를 스스로 설계하는 데 기준이 됩니다. 실제로 부모의 기대가 명확하고 일관될수록, 아이는 자아실현을 향해 안정적으로 나아간다는 연구도 있습니다. 또한 입시를 단순히 '좋은 대학에 가기 위한 경쟁'으로 보지 않고, 아이의 개성과 잠재력이 어떻게 성장으로 이어질 수 있는지 이해할 수 있습니다. 이런 부모는 성적이나 결과에만 집중하기보다는, 아이의 흥미와 강점을 바탕으로 자기주도적인 진로 탐색을 지원할 수 있습니다.

아이 역시 비교와 외부 기준이 아닌, 자신의 속도로 성장하는 법을 배울 수 있게 됩니다.

입시는 바뀌어도, 아이는 탐구하며 자랍니다.

입시제도는 계속 바뀌고 있습니다. 뉴스에서는 매년 달라지는 정책과 평가항목을 쏟아내고, 학부모 커뮤니티에서는 정보의 빠르기가 곧 경쟁력처럼 느껴지기도 합니다. 그래서 많은 부모님들이 불안합니다. "지금 뭘 더 해야 하지?" "지금 방향이 맞는 걸까?" 계속해서 의심하게 되지요.

하지만 이 책을 통해 전하고 싶었던 가장 중요한 메시지 입시는 바뀌어도, 아이를 키우는 방향은 바뀌지 않아도 된다는 것입니다. 그리고 그 중심에는 '탐구력'이 있습니다.

탐구력은 입시의 본질입니다. 학종이든 다른 어떤 전형이든 대학이 궁금해하는 건 결국 '이 아이는 어떤 생각을 하며 자라왔는가?' '어떻게 배우고 성장했는가?'이고 그 답은 '탐구력'이라는 키워드로 연결됩니다. 탐구력은 시험 점수가 아니라, 아이가 스스로 묻고, 관찰하고, 이해하고, 행동해 보는 과정입니다.

아이들이 친구와 경쟁하는 것이 아니라 자신의 관심사를 키워나갈 수 있도록 응원해 주세요. 오늘 우리의 상황은 '지금 뭘 해야 할까'라는 질문보다 '지금 뭘 하지 않아도 될까'라는 질문이 더욱 적합한지도 모릅니다. 해야 할 일에 대한 밀도는 조금 낮추고 생각을 담는 그릇을 키울 수 있는 경험을 열어주는 것이 장기적으로 더 유익합니다. 탐구하며 자란 우리 아이들은 새로운 변화가 또 찾아와도 자신의 역할을 잘 해낼 수 있을 것입니다.

입학사정관 엄마가 알려주는 남다른 아이들의 진짜 경쟁력
대치동을 이기는
내 아이 탐구력 로드맵

1판 1쇄 인쇄 2025년 9월 17일
1판 1쇄 발행 2025년 10월 8일

지은이 김신애
펴낸이 고병욱

기획편집2실장 김순란 **책임편집** 권민성 **기획편집** 조상희
마케팅 황혜리 황예린 권묘정 이보슬
디자인 공희 백은주 **제작** 김기창 **관리** 주동은 **총무** 노재경 송민진 서대원

펴낸곳 청림출판(주)
등록 제2023-000081호

본사 04799 서울시 성동구 아차산로17길 49 1010호 청림출판(주)
제2사옥 10881 경기도 파주시 회동길 173 청림아트스페이스
전화 02-546-4341 **팩스** 02-546-8053

홈페이지 www.chungrim.com **이메일** life@chungrim.com
인스타그램 @ch_daily_mom **블로그** blog.naver.com/chungrimlife
페이스북 www.facebook.com/chungrimlife

ⓒ 김신애, 2025

ISBN 979-11-93842-49-2 03370

※ 이 책은 저작권법에 따라 보호를 받는 저작물이므로 무단 전재와 무단 복제를 금합니다.
※ 책값은 뒤표지에 있습니다. 잘못된 책은 구입하신 서점에서 바꾸어 드립니다.
※ 청림Life는 청림출판(주)의 논픽션·실용도서 전문 브랜드입니다.